KB134630

조지
지
오
웰

아거 지음

조지 오웰

기억하는 인간,
기록하는 작가

인물과
사상사

왜
지금
오웰인가?

역사는 기억의 투쟁이다. 기억하는 자는 현재를 사는 자다. 현재를 사는 자들은 자기에게 유리한 과거의 기억을 역사에 남기기 위해 힘겨루기를 한다. 이긴 자가 역사를 기록한다. 그렇게 이긴 자, 즉 현재를 지배하는 자가 과거를 지배한다.

패자가 남긴, 패자에 의해 기록된, 패자가 중요하게 생각하는 역사는 흔적을 남기기조차 힘들다. 승자가 기록한 역사는 패자의 기록을 지우고, 그렇게 지워진 역사는 설 곳을 잃는다. 패자의 목소리는 묻히고, 잊히고, 압살 당한다. 옳고 그름은 중요치 않다. 승리와 패배, 지배와 피지배만 있을 뿐이다.

힘의 논리에 따라 역사가 기록되어온 것 역시 오랜 '역사'다. 역사가 현재와의 끊임없는 교류라는 말은 따지고 보면 현재 권력을 잡고 있는 세력의 입맛에 맞게 과거의 역사가 재단된다는 사실 또한 포함한다. 방법 또는 정도의 차이만 있을 뿐, 없었던 일이 역사로 기록되고, 있었던 사실이 기록되지 못하는 일이 반복되어왔다. 축소되어 별 의미 없이 취급되는 역사가 있는 반면 과장으로 실제보다 부풀려진 역사도 있다. 모두 왜곡이다. 역사가 완벽하게 객관적일 수는 없지만 적어도 객관적인 사실은 무시하지 않아야 하는데도 역사의 왜곡은 반복되어왔고, 또 반복되고 있다.

어제의 승자가 오늘의 패자가 되고, 어제의 패자가 오늘의 승자가 될 때 역사는 힘의 논리에 따라 재단되고, 또 새롭게 쓰인다. 그렇게 기록된 역사에 의해 현재의 권력은 공고히 유지되었다. 역사에 기록된 대로, 누군가는 죽임을 당하거나 탄압을 받았고, 누군가는 승승장구했다. 그로써 과거의 지배자는 미래의 지배자가 된다.

우리는 어떤가. 제주 4·3항쟁과 보도연맹 학살 사건, 미군의 민간인 학살, 박정희 정권 시절의 숱한 죽임들, 5월 광주 등 우리의 현대사 속에서 있었던 사실은 오랫동안 없었던, 잊도록 강요받았던 역사였다. 조작된 역사가 사실인 듯 기록되었고, 그 기록은 오랫동안 정설로 믿어졌다. 제대로 기록되지 못하고, 피해자의 목소리를 끝내 외면한, 훼손된 역사를 복원하려는 움직임에 반발과 막말이 계속 터져 나오고, 허무맹랑한 소리가 여전히 계속된다.

오랫동안 잊히도록 강요받았던 역사를 복원하고 억울한 죽음의 진상을 밝히는 일은, 정권이 교체되어도 쉽지 않다. 정권은 교체될망정 그동안 배워온 역사를 부정하지 않는 사람들이 여전히 역사의 지배자로 군림하려 하기 때문이다. 과거를 부정당하고 싶지 않기 때문이다. 과거를 부정하는 즉시 권력을 잃기 십상이기 때문이다. 그렇게 과거를 지배하는 자는, 미래를 지배하게 된다. 쳇바퀴 안에 갇힌 꼴이다.

조지 오웰George Orwell은 역사가 기록되는 속성을 "과거를 지배하는 자는 미래를 지배하고 현재를 지배하는 자는 과거를 지배한다"는 한 문장으로 표현했다. 다시 봐도 뛰어난 통찰이다. 파시즘의 득세와 스페인 내전, 이오시프 스탈린Iosif Stalin의 공포정치를 겪으며 그는 없던 역사가 생겨나고, 있던 역사가 사라지는 것을 목격했다. 누구도 주목하지 않거나 주목하지 말 것을 강요하는 역사적 사실을 그는 에세이와 르포르타주, 소설로 남겼다. 빈민과 노동자의 삶으로 들어가 그들의 대변자를 자처했다. 스페인 내전의 실상을 누구보다 먼저 알렸다. 편 가르기와 진영 논리에 갇혀 영국 내에서 스탈린 체제에 대한 비판이 금기시되던 때, 그는 아랑곳하지 않고 스탈린을 비판했다.

그는 역사가 있었던 그대로 기록되지 않는다는 걸, 지배 권력의 구미에 맞게 역사가 기록되는 걸, 역사를 지배하는 게 권력 유지에 꼭 필요한 일이라는 걸,

그래서 왜곡을 일삼으면서까지 지배 권력이 자신들에게 유리한 역사만을 기록하려 애쓴다는 걸, 목격했고 또 통찰했다. 그런 사유와 통찰의 결과로 탄생한 게 저 문장이었다.

그런데 아이러니하게도 오웰도 저 문장에서 자유롭지 못했다. 사회주의자였음에도 오웰은 한국 사회에서 오랫동안 '반공작가'로 알려졌다. 한국에 오웰의 저작인 『동물농장Animal Farm』이 처음 번역되어 나온 건 1948년이다. 『1984Nineteen Eighty-Four』(1949)도 출간 이후에 바로 번역되었다. 아시아 국가 중에서 가장 빨랐다. 1948년 남과 북에 단독정부가 들어선 이후 남한의 이승만 정권은 반공을 지배 이데올로기로 활용했다. 이 시기 오웰이 펴낸 『동물농장』과 『1984』는 공산주의를 비판하고 혐오하게끔 만드는 프로파간다로 유용했다.

그 과정에서 오웰의 진면목은 묻혔다. 민주적 사회주의자였고, 제국주의와 자본주의와 독재에 저항하며 글을 써왔던 오웰은, 오랫동안 한국을 지배해온 독

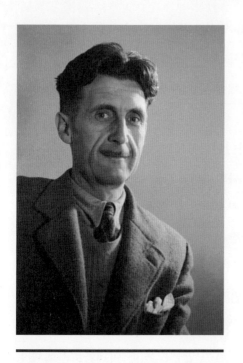

"과거를 지배하는 자는 미래를 지배하고 현재를 지배하는 자는 과거를 지배한다." 지배 권력이 자신들에게 유리한 역사만을 기록하려 애쓴다는 걸 목격한 오웰은 사유와 통찰을 통해 이 문장을 탄생시켰다.

재 세력과 대척점에 있는 작가였다. 그러나 북한의 남침 위협을 끊임없이 거론하고, 반공과 멸공을 내세우며 정권을 유지해온 이승만을 비롯한 박정희, 전두환, 노태우 정권하에서 오웰의 『동물농장』과 『1984』는 오로지 공산주의를 비판하는 텍스트로만 환영받았다. 오웰은 지배 권력의 입맛대로 재단된 것이다. 오웰이 생전에 자신의 전기를 쓰지 말도록 한 건, 어쩌면 이러한 역사의 속성을 누구보다 잘 알고 있었기 때문이 아니었을까?

그럼에도 오웰의 평전이 해외와 국내에서 여러 편 나온 건 그가 남긴 메시지가 현대사회에서 여전히 유용하다는 걸 보여준다. 전체주의 사회에서 국가권력의 감시를 당하며 살아가는 끔찍한 디스토피아를 그린 『1984』는, 개인의 자유를 억압하려는 권력의 시도와 개인을 감시하고 통제하며 인권을 유린하는 불의가 되풀이될 때마다 회자된다. 『동물농장』은 자신의 권력을 유지하기 위해 국민을 속이고 억압하면서 특권을 행사하는 지배 권력의 속성을 파헤치는 데 유용한 텍스트로 소환된다.

영국 제국 경찰로 버마(현재 미얀마)에서 근무한 경험을 바탕으로 쓴 『버마 시절Burmese Days』(1934)은 식민주의를 비판하는 텍스트로 읽히고, 직접 체험한 빈민과 부랑자의 생활을 담은 『파리와 런던의 밑바닥 생활Down and Out in Paris and London』(1933)은 당시 빈민들의 삶을 들여다볼 수 있는 사료로서 가치와 실업이 어떻게 삶을 파괴하는지를 여실히 보여준다. 탄광 노동자의 삶, 영국의 노동자들이 처한 현실, 사회주의에 대한 통찰이 담긴 『위건 부두로 가는 길The Road to Wigan Pier』(1937)은 제1차 세계대전 이후 실업의 증가로 피폐해지던 영국 노동자의 실상과 함께, 신분과 계급을 뛰어넘지 못하는 지식인 사회주의자의 위선을 보여주며, 사회주의가 어째서 사람들에게 깊이 자리 잡지 못했는지를 알게 해준다.

오웰의 또 하나의 기념비적인 저작 『카탈로니아 찬가Homage to Catalonia』(1938)에서는 스페인 내전의 실상과, 권력을 잡기 위해서는 자신의 이념조차 내팽개

치는 스탈린식 공산주의의 추악함과 더불어 역사의 조작이 현실에서 어떻게 이루어지는지를 살펴볼 수 있다. 그리고 정치, 사회, 문학 등에 대한 오웰의 뛰어난 에세이들은 작가로서 침묵하지 않았던, 거짓을 드러내는 데 주저함이 없었던 오웰의 진면목이 고스란히 드러나는 텍스트로 기능한다.

오웰은 삶과 앎을 일치시키려는 작가였고, 행동하는 지식인이자 대세에 따르지 않는 반골이었다. 1903년 영국의 식민지였던 인도에서 태어나 1950년 폐결핵으로 숨질 때까지, 격동의 시대라 불리는 20세기 전반기를 살다간 그는 시대를 거슬렀고, 숱한 정치사상을 거스르는 삶을 살았다.

그는 파시즘과 전체주의, 교조주의와 스탈린 체제, 공산주의와 싸웠다. 그가 지향했던 민주적 사회주의를 위협하는 사상에 맞섰다. 그가 살아냈던 20세기 초의 상황에서는 그러기가 쉽지 않았다. 지금도 그렇지만, 그때는 특히나 이것 아니면 저것의 선택을 강요하는 시대였고, 그는 그래서 좌우 모두에게 환영받지 못했다. 그는 일종의 이단아였다. 사상에 길들여지지도 않았고, 경도되지도 않았다.

오웰의 삶을 돌아보고, 그의 저작을 읽으면서 한 가지 키워드를 떠올렸다. '기억하는 인간, 기록하는 작가'다. 그는 자신이 본 것을 기억했고, 거짓에 대항해 진실을 기록하려 했다. 인간으로서 기억했고, 지식인으로서 행동했고, 작가로서 기록했으며, 기억과 기록을 바탕으로 사유하고 시대를 거슬렀다. 『1984』 속 윈스턴 스미스가 목숨을 걸고 일기를 쓰듯 그는 조작된 기억을 바로잡기 위해 기록을 남겼다. 바로 그게 오웰에 집중하는 이유고, 지금 다시 오웰을 소환하는 까닭이다.

이 책은 '기억하는 인간, 기록하는 작가'로서 오웰을 다룬다. 오웰에 대한 입문서이자 그의 저작에 드러난 사유의 흔적을 살피는 여정의 기록이다. '페이크 뉴스'로 대변되는 사실에 대한 왜곡, 그 왜곡으로 인한 기억의 조작이 계속되는 현실, 조직을 위해 개인의 침묵을 강요하는 사회, 본질적으로 확장과 침투의 속성을 지니고 있는 국가권력이 언제든 개인의 자유와 독립을 침해할 위험이 있는 상황, 편을 가르고 진영 논리에 휩싸여 내 편의 잘못은 너무나 쉽게 눈감는 행태, 정치사회적 사건에 대한 무관심과 방관은 여전히 반복된다. 그때 필요한 게 기억하는 인간이자 기록하는 작가로서 오웰이다. 이것이 지금, 오웰을, 다시 읽는 이유다.

차례

이른
나이에
눈뜬
차별

———————

예나 지금이나 학교는 교육을 위한 공간이자 가정을 제외하고 아이가 처음으로 대면하는 사회다. 학교에서 아이들은 선생님이나 다른 아이들과 어울리며 사회를 경험한다. 학교는 사회의 축소판이다. 그 사회의 모습이 학교에 투영되어 있다. 경쟁을 최우선 가치로 여기는 교육은 무한 경쟁 사회를 반영한다. 교육이라는 이름으로 자행되는 규율과 검열, 평가와 단속, 체벌과 징벌, 통제와 억압, 구속과 복종 등이 횡행할 수 있는 건

오웰은 1941년부터 1943년
까지 BBC 동양총국의 인도 전
담 프로듀서로 일하며 교양 라
디오 프로그램을 제작했다.

사회가 그걸 용인하기 때문이다. 학교 내에서 부모의 부와 권력, 직업, 사는 곳 등 계급과 신분으로 차별하는 현상 역시 사회에서 그런 일이 비일비재하게 벌어지기 때문에 발생한다.

학교는 사회를 추체험하는 공간이다. 오웰 역시 학교에서 영국 사회를 체험했다. 신분과 계급에 따른 차별이 대표적이었다. 그 안에서 오웰은 자기 자신을 혐오하게 되었고, 차별을 내재화했다. 다른 학생보다 부자인 것도, 신분이 높은 것도 아니었기에, 실패한 삶을 자신의 미래라고까지 생각했을 정도였다. 학교생활 중에 생긴 열등감과 트라우마를 극복하기까지는 오랜 세월이 걸렸다. 그는 죽기 몇 년 전에야 자신의 학교생활을 돌이켜보는 에세이 「정말, 정말 좋았지」(1947)를 쓸 수 있었다.

오웰의 어린 시절을 상세하게 알 수 있는 이 에세이를 읽노라면, 고작 8세에 불과한 나이부터 시작된 엄청난 차별과 억압적인 분위기가 오웰에게 어떤 영향을 끼쳤을지 짐작이 가고도 남는다. 어쩌면 신분과 계급에 따른 구별이 차별로 이어지는 영국 사회에 대한 비판과, 강자보다는 약자, 주류보다 비주류에게 보내는 관심 어린 시선, 누군가를 지배하는 권력의 작동 방식에 대한 통찰력 등은 이때부터 길러졌는지도 모른다. 또 민주적 사회주의를 추구하면서 모든 형태의 전체주의에 맞서게 된 것도, 또 치열한 자기성찰과 더불어 당시 사회에 대한 작가로서의 비판적인 시선을 견지할 수 있었던 것도 어린 시절의 경험과 무관치 않아 보인다. 결과론적인 얘기일지도 모르지만, 오웰이 살아온 삶을 돌이켜보면 그가 왜 민주적 사회주의를 실현시키고 전체주의에 맞서기 위해 글을 쓰고 직접 행동으로 옮겼는지를 이해할 수 있다.

오웰은 에릭 아서 블레어Eric Arthur Blair란 이름으로 1903년 6월 25일 영국의 식민지였던 인도의 북동부 모티하리Motihari에서 3남매 중 둘째로 태어났다. 에릭보다 5세 많은 누나 이름은 마조리Marjorie, 5세 적은 여동생 이름은 에이브릴Avril이었다.

그의 아버지 리처드 W. 블레어Richard W. Blair는 인도 총독부 아편국의 하급 관리였고, 어머니 아이다 메이블 블레어Ida Mabel Blair는 버마로 이민 와 정착한 영국인이었다. 블레어가 근무한 아편국은 인도에서 재배한 양귀비를 아편으로 만들어 중국으로 수출하는 일을 하고 있었다. 당시 아편 수출로 벌어들이는 돈은 아시아 국가를 식민지로 만들고 팽창을 거듭하던 '대영제국'을 지탱시키는 주요 수입원이었다. 훗날 오웰은, 인도 총독부에서 일한 아버지의 영향으로 인도 제국 경찰이 되었지만 나중에는 영국의 제국주의를 비판하게 된다.

인도에서 태어나긴 했지만 그가 자란 곳은 영국이었다. 1904년 아이다는 딸 마조리와 오웰을 데리고 영국으로 귀국한다. 남편 리처드는 인도에 남겨둔 채였다. 당시 식민지에 거주하는 영국인들은 자녀가 학교에 들어갈 나이가 되면 영국으로 자녀를 보냈는데, 아이다도 큰딸 마조리가 6세가 되자 영국으로 향했다. 블레어는 1912년이 되어서야 정년퇴직하고 영국으로 완전히 돌아온다.

4~5세 무렵 '호랑이'에 대한 시를 썼던 오웰은 5~6세 무렵부터 자신이 작가가 될 것을 알고 있었다고 말한다. 그는 꾸준히 글을 썼고, 제1차 세계대전 시기인 11세와 13세에 쓴 '애국시'가 지역 신문에 실리기도 했다. 그렇게 시를 쓰고, 2편 정도의 단편소설을 시도했다가 실패하기도 했다. 또 이야기를 지어내거나 겪은 일이나 본 것을 묘사하는 글을 마음속으로 되뇌이기도 했다. 17세 때부터 24세 때까지는 작가가 되는 걸 포기하려고 했지만, 어쨌든 차분히 앉아 책을 쓰는 일을 해야 하리란 의식을 갖고 있었다고 한다. 재능이 있었던 것이다.

오웰이 작가가 된 건 이러한 재능 덕분이기도 하지만, 어린 시절부터 신분과 계급에 따른 차별에서 겪은 숱한 고난과 상처, 거기에서 읽어낸 영국 사회의 부조리 때문이기도 했다. 오웰의 말처럼 "낱말을 다루는 재주와 불쾌한 사실을 직시하는 능력"이 그를 작가로 키워냈을 터다.

오웰의 어린 시절은 순탄하지 않았다. 어린 시절 대

부분을 보낸 기숙학교 생활이 힘들어서였다. 1908년 집 근처의 가톨릭계 여학교 부설 유치원에 다니던 오웰은 1911년 9월 집에서 멀리 떨어진 영국 남부 해안의 서섹스Sussex주 이스트본Eastboune에 있는 세인트 시프리언스St. Cyprian's 사립 예비학교에 입학했다. 외삼촌의 권유를 받아들인 어머니의 결정에 따른 것이었다.

오웰이 이 학교에 입학한 건 타협의 결과물이었다. 당시 예비학교의 학비는, 오웰의 집 처지로는 감당할 수 없을 정도로 비쌌다. 그럼에도 오웰의 어머니는 세인트 시프리언스에 오웰을 보내고 싶어 했다. 사립 예비학교에 입학하는 건, 명문고등학교와 명문대학교를 거쳐 영국의 고위 관료가 되는, 신분 상승의 지름길이라는 생각에서였다.

학교 측에서도 오웰 같은 아이가 필요했다. 당시 이 학교의 교장 부부는 오웰처럼 총명한 아이들을 장학금을 주고 입학시켰다. 이튼Eton, 해로Harrow, 윈체스터Winchester 등 명문 사립학교로 진학률을 높여 귀족이나 부자들의 자녀를 학생으로 유치하기 위해서였다. 즉, 학비를 반절만 받는 대신, 똑똑하지만 경제적인 능력이 별로 없는 아이들을 학교의 명예를 높여줄 일종의 '미끼'로 활용했던 것이다.

이런 타협의 결과 오웰은 8세부터 세인트 시프리언스에 다니게 된다. 하지만 이곳에서 그는 자본과 신분의 차이가 차별로 치환되는 것을, 그 과정에서 어린 아이들이 어떻게 속물이 되어가는지를, 자본과 신분, 계급의 대물림이 어떻게 이루어지는지를 극명하게 깨달을 수 있었다. 오웰이 5년 동안 다닌 이 기숙 사립 예비학교를 혐오하게 된 건 이런 이유 때문이었다.

세인트 시프리언스에서의 시련은 입학한 지 얼마 지나지 않아 찾아왔다. 1~2주쯤 지났을 무렵 침대에 오줌을 지리기 시작했던 것이다. 매일 밤마다 "하느님 제발 제가 침대를 적시지 않도록 해주세요! 제발 하느님, 제가 침대를 적시지 않게 해주세요!"라고 기도를 올렸지만 소용없었다. 몇 번 그러고 나자 오웰은 교장 부인에게 경고를 받게 된다. 그런데 그 방법이 수치감을 주는 것이었다. 학교를 방문한 한 부인과 티타임을 갖던 교장 부인은, 마침 그 곁을 지나던 오웰을 불러 세우더니 "이 아이는 말이에요. 밤마다 침대를 적시는 아이지요. 너 또 침대에서 실례하면 어떻게 되는 줄 알아? '식스 폼(상급생)'한테 널 때려주라고 할 거다"라고 말했다. 그 말을 들은 오웰이 느낀 감정은 두려움도 분함도 아닌 "나의 혐오스러운 죄를 알 게 된 사람이(그것도 여자가) 하나 더 늘어났다는 수치심이었다".

그런 경고를 받은 지 얼마 안 되어 오웰은 또 실수를 하고 말았고, 교장에게 불려가 매를 맞게 된다. 하지만 매를 맞고 나오던 길에 교장실 앞에 있던 학생에게 아프지 않다고 말했고, 이걸 들은 교장에게 다시 매를 맞게 된다. "내 소년 시절을 통틀어 매질을 당해 눈물까지 흘리고 만 건 그때뿐이었"다는 오웰은, 아파서 운 게 아니라 "적대적인 세상에 갇혀버렸다는, 지배가 너무 완강해서 나로서는 어찌할 도리가 없는 선악의 세상에 감금되어버렸다는 처량한 고독감과 무력감" 때문에 울었다고 술회한다. 또 자신이 의도적으로 저지른 것이 아닌 '죄' 때문에 "나는 내가 착해지는 게 '가능하지 않은' 세계에 던져졌다는", 소년 시절에 지속적으로 영향을 끼친 '교훈'을 얻었고, 의도하지 않은 죄를 저질렀다는 죄책감에 시달려야 했다.

세인트 시프리언스는 또 다른 유형의 상처를 오웰에게 남겼다. 빈부 격차와 신분 차이에서 발생하는 차별이었다. 교장 부부와 학생들은 그 차별을 공공연하게 드러냈다. 학생 대부분은 부자였다. 대저택에, 자동차와 집사가 있었고, 방학이면 스코틀랜드의 별장으로 휴가를 가는 부잣집 아이가 많았다. 오웰처럼 반액 장학금을 받고, 명문 학교 입학을 위해 집중적으로 공부에 내몰리는 학생은 그리 많지 않았다. 돈을 절반만 내고 학교를 다니는 학생과 전부를 내는 학생 사이의 차별은 일상적이었고 꾸준했다.

오웰은 이 당시 학교에 3개의 계급이 있었다고 말한다. 1계급은 귀족 또는 백만장자의 자녀, 2계급은 교외에 사는 어지간한 부잣집 아이들, 3계급은 성직자나 인도 공무원 등을 부모로 둔 아이들이었다. 이들은 먹는 것부터 달랐다. 부잣집 아이들은 따로 우유와 비스킷을 먹었고, 승마 교육을 받았다. 교장 부인은 부잣집 아이들을 엄마처럼 챙겨주었다. 무엇보다 절대 매질을 하지 않았다.

교장 부부는 3계급의 아이들을 대놓고 무시했다. 오웰은 크리켓 배트 살 돈을 부모가 학교 측에 전달했는데도 배트를 마련하지 못했다. "네 부모는 그럴 형편이 못 될 걸"이란 교장의 말 때문이었다. 또 교장 부인은 걸핏하면 학생 모두가 보는 앞에서 가난한 집 아이들에게 "그게 너 같은 애가 사도 되는 물건이라고 생각하니?", "너는 돈하고는 거리를 두고 살아야 한다는 걸 모르니? 너희 부모님은 부자가 아니야. 알 건 알아야지. 분수를 좀 알아!"라는 말을 해댔다.

학생들 사이에서는 12~13세의 상급생들이 8세 남짓한 하급생들에게 집에 차는 있냐, 아버지는 얼마나 돈을 버냐 등등을 심문관처럼 물어보고, 여름이면 스코틀랜드에 있는 별장에 가봤냐 안 가봤냐, 런던 어디에 살고 있냐는 식의 질문을 해댔다. 또 방학이 끝나고 나면 부잣집 아이들은 "우리 삼촌의 요트"나 "시골에 있는 우리 땅", "내 조랑말", "우리 아버지 오픈카"에 대해 자랑했다. 오웰은 언제나 강자가 약자에게 승리를 거두고, 이기는 게 미덕이 되는 게 학교생활이었다고 회고한다. 그리고 "미덕이란 남들보다 더 크고, 강하고, 잘생기고, 부유하고, 인기 좋고, 세련되고, 거리낌 없는 데", 또 "남을 지배하고, 괴롭히고, 고통스럽게 하고, 바보 같아 보이게 하며, 모든 면에서 남보다 앞서는 데" 있었다고 말한다.

세인트 시프리언스에서의 생활은 오웰에게 깊은 트라우마를 남겼다. 스스로 느끼기에 그는 "저주받은 몸"이었다. 그 학교에서 오웰은 "돈도 없고, 약하고, 못생기고, 인기 없고, 기침을 달고 다니고, 겁 많고, 냄새나는 아이"일 뿐이었다. 설령 전에는 아니었다 하더라도 세인트 시프리언스는 자신을 그렇게 만들었다고 회고한다. 오죽했으면 "나는 미래가 어둡다는 것을 분명히 알고 있었다. 실패, 실패, 또 실패야말로(과거의 실패와 다가올 실패를 포함한 것이다) 내가 지닌 가장 깊은 확신이었던 것이다”라고까지 말했을까.

그러나 한편으로 오웰은 이런 차별을 내재화했다. 그는 “‘특권계급’으로 분류되지 않는 아이는 무조건 멸시했으며, 탐욕스러운 부자들, 특히 최근에 부자가 된 졸부들도 미워했다. 그래서 나는 특권계급 출신이되 돈은 없는 게 가장 낫다는 생각을 하게 되었는데, 이는 하급 상류층의 ‘신조’이기도 했다”고 말한다. 또 교장 부부를 증오하는 한편 그들에게 인정받으려고 애쓰는 자신을 혐오하기도 했다.

세인트 시프리언스에서 빈부 격차와 신분 차이에 따른 차별, 계급으로 나뉜 사회의 부당함을 직접 느낀 오웰은 자전적 소설인 『엽란葉蘭을 날려라Keep the Aspidistra Flying』(1936)에서 이렇게 말한다.

“가난한 아이에게 가하는 가장 잔인한 형벌은 그를 부자 학교로 보내는 것이다. 가난을 의식하게 된 아이는 어른들이 상상할 수 없을 정도의 속물적 고뇌로 고통을 받는다.”

대영제국의
추악한
이면을
엿보다

————————

모욕과 상처, 트라우마로 점철된 세인트 시프리언스의 생활은 끝나가고 있었다. 1916년 오웰은 명문 사립학교로 진학하기 위한 시험을 치르고 웰링턴Wellington에 장학생으로 들어간다. 이튼에도 시험을 쳤지만 대기자 명단에 올라 우선 웰링턴에 입학한 것이다. 그리고 1917년 5월 이튼에 장학생으로 들어간다. 하지만 "운이 좋게도 장학금을 받았지만, 공부에 관심이 없었고 이튼에서 배운 것도 별로 없었다"고 회고한 것처럼 오웰은 공부에 관심이 별로 없었다. 대신 그는 사회주의에 관심을 갖게 된다. 어린 시절부터 겪었던 신분과 계급에 따른 차별도 한몫 했겠지만, 가장 크게 영향을 받은 건 제1차 세계대전 후의 영국 사회, 특히 청년 사회의 분위기였다.

오웰이 이튼에 들어간 시기는 제1차 세계대전이 막바지로 치닫던 때였다. 또 전쟁의 영향으로 영국 전반에 혁명적인 분위기가 넘실대던 때였다. 오웰은 당시 청년들이 품었던 혁명적인 사상의 원인으로 전쟁을 지목한다.

"그것은 본질적으로 청년층의 노년층에 대한 빈발이었으며 전쟁이 직접적인 원인이었다. 전쟁 당시 청년층은 희생을 했으나, 노년층은 지금 시점에 봐도 끔찍할 정도로 비겁했다. 말하자면 그들은 아들들이 독일군의 기관총 앞에 짚단 쓰러지듯 픽픽 넘어가는 동안에 안전한 곳에서 단호하게 애국을 요구했던 것이다. 더욱이 전쟁을 지휘하는 것은 주로 노년층이었고, 지휘는 지독히도 무능했다.……기존의 모든 권위는 '노인네들'이 좋아한다는 이유만으로 조롱의 대상이 되었다. 때문에 여러 해 동안 '과격분자'가 되는 게 대단한 유행이었고, 미숙한 반율법주의적 사상들이 활개를 쳤다. 평화주의, 국제주의, 온갖 유형의 인도주의, 여성주의, 자유연애, 이혼 제도 개혁, 무신론, 산아 제한 같은 것이 평상시보다 더 주목을 받았다."

노년층에 대한 청년층의 반발, 기존 권위에 대한 도전이 이 당시 청년들의 분위기였다. 명문 귀족이나 부자, 또 중산층 이상의 자제들이 주로 다니던 이튼의 학생들도 마찬가지였다. 그러나 이들은 사회주의 같은 급진적인 사상을 갖고 있었음에도 신분의 벽은 절대 뛰어넘지 않았다. 당시 이튼 학생들은 "기본적으로 우리 계급의 속물적 식견을 유지했고, 계속해서 자기 몫을 타먹거나 편안한 자리를 차지하는 것을 당연시했다".

그래서 오웰은 17~18세 때의 자신을 "속물인 동시에 혁명주의자"였다고 일컫는다. 그는 모든 권위에 반항적이고, 스스로 막연히 사회주의자로 생각했다. 그러나 "사회주의가 어떤 것인지는 알지 못했고, 노동

오웰은 제1차 세계대전 후의 영국 사회, 특히 청년 사회의 분위기 속에서 사회주의에 관심을 갖게 된다.

계급이 인간이라는 개념도 없었"을 뿐만 아니라 혐오하고 경멸했으며 그들의 "악센트에 반감을 느꼈고, 그들의 몸에 밴 거친 매너 때문에 몹시 화가 나곤 했다".

나중에 그는 『위건 부두로 가는 길』에서 이 시절을 회상하며, 신분과 계급적 한계를 가진 사회주의자와 노동자와의 일체감 없이 멀찍이 떨어져 노동자를 이상화하거나 그들을 혐오하는 중산층 이상의 사회주의자에 대해 비판한다.

그 비판은 자기 자신에게 향하기도 했다. 그는 "나처럼 부르주아의 완충재 같은 계급에게 '평민들'은 여전히 야만적이고 혐오스러운 존재였다. 돌이켜 보건대 그 시절 나는 시간의 절반은 자본주의 체제를 비난하는 데 쓰고, 그 나머지는 버스 차장의 무례함에 분을 터뜨리느라 허비한 것 같다"고, 이튼 시절을 회고한다. 즉, 이상과 현실의 괴리, 신분을 넘어서지 못하는 사회주의자의 모순, 습속으로 굳어져 쉽사리 깨지 못하는 신분 사회의 한계를 통찰한 것이다.

이렇듯 이튼에서의 오웰은, 아직 막연한 사회주의

자에 불과했다. 악센트로도 신분 차이를 확인할 수 있고, 신분에 따른 차별이 일상화된 영국에서, 중산층 이상이 사회주의자를 자처하며 노동계급과 스스럼없이 어울리기는 쉽지 않았다. 오웰 역시 마찬가지였다. 그는 아직 신분과 계급의 틀을 깨지 못하고 있었다. 그가 자신을 사회주의자로 인정하고, 작가로서뿐만 아니라 직접 행동으로 나서기까지는 세월이 조금 더 흘러야 했다.

이튼 졸업생은 당시 옥스퍼드대학이나 케임브리지대학에 진학하고, 정·관계 등 상류층에 진출하는 게 일반적이었다. 그러나 성적이 좋지 않았던 오웰은 대학에 진학할 형편이 못 되었다. 대신 그는 인도 총독부에서 근무한 아버지의 권유와 경험을 쌓고 싶다는 자신의 희망에 따라 인도 제국 경찰 시험에 응시한다. 그렇게 1921년 12월 이튼을 졸업한 오웰은 경쟁이 치열했던 인도 제국 경찰 자격시험을 통과해 1922년 11월 버마로 향했다.

이때만 해도 오웰은 영국 제국주의에 문제의식이

없었다. 오히려 긍정적이었다고 할 수 있다. 제국 경찰이 된다는 건, 조국 영국을 위해 복무하는 일이었다. 게다가 경제적으로 안정된 직업이었고, 식민지에서 지배자로서의 특권을 누릴 수 있었다. 오웰은 『위건 부두로 가는 길』에서 군인이나 공직자 신분으로 식민지로 향한 사람들이 무엇을 원했는지에 대해 이렇게 말한다.

"군인이나 공직자로 그곳에 간 사람들은 돈벌이를 하러 간 게 아니었다. 돈은 군인이나 공직자가 버는 것이 아니었다. 그들이 거기까지 간 것은 가령 인도에 가면 말도 싸고 사냥도 공짜로 하고 얼굴 까만 하인들도 얼마든지 둘 수 있어 특권층 노릇을 하기가 아주 쉽기 때문이었다."

그러나 버마에서 근무를 시작한 지 얼마 지나지 않아 그는 제국주의의 끔찍함을 느꼈다. 민주주의 국가를 표방하던 영국은 식민지에서는 압제자에 불과할 뿐이었다. 제국 경찰로 복무하며, 그는 민주주의와 제국주의의 두 얼굴을 갖고 있던 영국의 이중성과 식민지 정책의 부당함을 깨쳤다. 이때의 깨침은 훗날 정치적인 입장을 분명히 드러내는 글을 쓰는 데 큰 역할을 하게 된다. 또 가해자 입장에서 권력의 모습을 살펴볼 수 있는 기회가 되기도 했다.

"버마였고, 비가 추적추적 내리는 아침이었다"란 간결한 문장으로 시작하는, 1931년 발표한 에세이 「교수형」에 그때의 상황이 잘 나와 있다. 이 글에서 그는 사형장으로 향하는 사형수의 뒷모습에서 '식민지 원주민'을 생명이 있는 '사람'으로 인식하게 되었다고 말한다.

"그는 도중에 있는 물웅덩이를 피하느라 살짝 옆으로 비켜갔다. 이상한 일이지만, 바로 그 순간까지 나는 건강하고 의식 있는 사람의 목숨을 끊어버린다는 게 어떤 의미인지 전혀 알지 못하고 있었다. 그러다 죄수가 웅덩이를 피하느라 몸을 비키는 것을 보는 순간, 한창 물이 오른 생명의 숨줄을 뚝 끊어버리는 일의 불가사의함을, 말할 수 없는 부당함을 알아본 것이었다.……2분 뒤면 덜컹하는 소리와 함께 우리 중 하나가 죽어 없어질 터였다. 그리하여 사람 하나가 사라질 것이고, 세상은 그만큼 누추해질 것이었다."

얼마 지나지 않아 그는 제국주의에 환멸을 느꼈다. 버마에서 제국 경찰로 살아간다는 것은 "악취 지독한 철창에 처박혀 있는 불쌍한 죄수들, 장기 재소자들의 겁먹은 얼굴, 대나무로 매질을 당한 사람들의 터진 엉덩이" 등 "제국의 추악한 짓거리들"을 지근거리에 보는 일이었고, 견딜 수 없는 죄책감에 시달리는 일이었다. 그래서 오웰은 "내가 하고 있던 일에 대해서는, 내가 설명할 수 있는 그 어떤 정도보다 지독하게 혐오했다"고 말한다.

그는 제국 경찰인 자신이 어떤 입장이었는지를 「코끼리를 쏘다」(1936)란 에세이로 남겼다. 주인의 쇠사슬에서 풀려난 코끼리를 쏘고 싶지 않았음에도, 그는 몰려든 군중에게서 무언의 압력을 느껴 코끼리를 사살한 일이 있었다. 그걸 기록한 이 글에서 오웰은 자신이 지배자가 아니라 꼭두각시임을 깨쳤다며 이렇게 말한다.

"그 순간 나는 알게 되었다. 백인이 폭군이 되면 폭력을 휘두르고 말고는 자기 마음이지만, 백인 나리라는 상투적 이미지에 들어맞는 가식적인 꼭두각시가 되고 만다는 것을 말이다. 언제나 '원주민'에게 강한 인상을 심어주기 위해 안달하고, 그래서 위기가 닥칠 때마다 '원주민'이 예상하는 바대로 행동해야만 하는 게 그의 지배 조건이기 때문이다. 그는 가면을 쓰고, 그의 얼굴은 가면에 맞춰져간다."

인도 제국 경찰로 지내는 동안 오웰은 영국 제국주의의 본질을 깨닫는다. 그것은 침략이었고, 수탈이었다. 그는 버마에서의 경험을 토대로 쓴 『버마 시절』에서 주인공 플로리의 입을 빌려 "우리가 도둑질 외에 다른 목적을 가지고 이 나라에 왔다는 것을 어떻게 증명할 수 있소? 상황은 단순해요. 영국 관리들은 버마인들을 억누르고 영국 사업가들은 그들의 호주머니를 털지"라고 말한다.

오웰은 버마에서 벌어지는 상황을 받아들일 수 없었다. 감옥에 죄수를 가두러 갈 때마다 철창 안쪽에 자기가 갇혀 있어야 한다는 느낌을 받았다. 1927년 8월 휴가를 받아 영국으로 귀국했을 때 이미 인도 제국 경찰을 그만두고 작가가 되기로 결심한다. 그리고 다시 버마로 돌아가지 않고 사의를 표명, 1928년 1월 경찰직을 그만둔다. 하지만 인도 제국 경찰로 근무하면서 느낀 죄책감은 쉬이 사라지지 않았다. 그 죄책감은 그를 또 다른 길로 인도한다.

"내가 느낀 죄책감은 너무 엄청나서 속죄를 하지 않고는 벗어날 수 없을 것 같았다. 과장처럼 들릴지도 모른다. 하지만 스스로 도저히 인정할 수 없는 일을 5년 동안이나 해본 사람이라면 누구나 비슷하게 느낄 것이다. 번민 끝에 결국 얻은 결론은 모든 피압제자는 언제나 옳으며 모든 압제자는 언제나 그르다는 단순한 이론이었다. 나는 내 자신이 단순히 제국주의에서 벗어나는 것뿐만 아니라 인간에 대한 인간의 모든 형태의 지배에서 벗어나야 한다고 느꼈다."

버마에서 그가 느낀 건 크게 두 가지였다. 하나는 죄책감, 또 하나는 인간에 대한 모든 형태의 지배는 사라져야 한다는 생각이었다. 그의 죄책감이 얼마나 컸는지는 "당시에는 실패만이 유일한 미덕처럼 보였다. 조금이라도 자기 발전을 생각한다면, 심지어 한 해 몇백 파운드를 버는 정도의 '성공'이라도 바란다면 비열한 짓 같았다"란 말에서 확인할 수 있다. 영국 귀국 후 그는 실패를 향해 나아갔다. 그것은 억압받는 사람들, 밑바닥 사람들과 함께하는 것이었고, 그 행동이 노동계급에게 눈을 돌리는 계기가 되었다.

속죄의
길,
밑바닥으로

식민지에서의 경험을 통해 오웰은 피착취자에게 관심을 갖게 되었다. 오웰이 보기에 잔혹한 자본주의 사회인 영국에서 압제에 신음하고 착취당하는 이들은 노동계급이었다. 하지만 오웰은 노동계급의 처지에 대해 아는 바가 없었다. 그들이 일상적으로 겪는 가난과 빈곤 또한 마찬가지였다. 그는 번듯한 세계에서 벗어나 부랑자나 걸인 등 하류 중의 최하류와 섞여서 생활하게 되면 자신의 죄책감을 얼마간 떨쳐버릴 수 있다고

여겼다. 또 계급의 벽을 무너뜨리고, 그들의 실상을 파악할 수 있으리라 생각했다.

　여기서 우리는 오웰이 평생 동안 견지한 특이하고도 중요한 성격을 알 수 있다. 그것은 성찰할 줄 아는 자세와 행동으로 옮기는 태도다. 오웰은 지배자로서의 삶을 반기지 않았다. 타인보다 우위에 서는 걸 그는 마뜩지 않아 했다. 버마에서 지배자인 제국 경찰로 살면서 그는 오히려 자신을 혐오했고, 피지배자에게 관심을 가졌다. 다른 제국 경찰과는 달리 버마 말을 익혀 버마인들과 스스럼없이 대화를 나누면서도, 그런 행동이 친밀감만을 형성했을 뿐 인종에 따른 차별과 백인 우월주의를 극복하지 못한, 어느 정도 시혜施惠에 따른 행동이라는 것 또한 알고 있었다. 이렇듯 자신을 객관화하고, 성찰할 줄 알았기에 죄책감을 느꼈던 것이다.

　게다가 그는 행동할 줄도 알았다. 영국으로 돌아온 뒤 빈민과 부랑자들 속으로 향한 건 사실 웬만한 용기가 아니고서는 시도할 수 없는 일이었다. 아니 어쩌면 생각조차 하지 못할 일이었다. 그러나 그는 부랑자와 빈민의 세계로 들어갔다. 이 두 가지가 오웰이라는 인간이 가진, 또 그의 글이 가진 힘이었다. 훗날 위건으로 향한 것도, 스페인으로 간 것도, 제2차 세계대전이 발발했을 때 어떻게든 그 전쟁에 참여하려 한 행동도 마찬가지였다. 성찰과 행동, 그게 오웰이란 작가를 구성하는 중요한 정체성 중 하나였다.

1928년 초 오웰은 자신이 좋아하던 작가 잭 런던 Jack London이 그랬던 것처럼 런던의 빈민가로 향한다. 적당히 변장을 하고 부랑자와 걸인이 임시 숙소로 쓰는 곳에 다다른 그는 숙소에 들어가기에 앞서 엄청난 두려움에 휩싸인다. 누군가가 싸움을 걸어오고, 자신의 중·상류층 악센트를 눈치 챈 사람들이 밖으로 내동댕이칠 것이라는 두려움이었다. 하류층 사람들을 한번도 접해보지 못했기에 느꼈던 두려움이었다. 그렇게 용기를 낸 오웰은 들어서자마자 불쾌하게 술이 취한 부랑자에게 "차 한잔하쇼!"란 말을 들었다.

"나는 차 한 잔을 마셨다. 그것은 일종의 세례식이었다. 그 뒤부터 두려움은 사라졌다. 아무도 내게 질문

오윌은 자신이 좋아하던 작가 잭 런던처럼 런던의 빈민가에서 생활하며 부랑자와 걸인에 대한 편견을 깨뜨렸다. 20세기 초 미국 최고의 사회주의 작가로 명성을 떨친 잭 런던.

을 던지지 않았고, 아무도 공격적인 호기심을 보이지 않았다. 모두가 공손하고 친절했으며, 나를 당연한 존재로 받아들였다."

그 일이 있고부터 오웰은 구걸을 하고 부랑자 숙소를 떠돌아다니며 부랑자와 걸인에 대한 편견을 깨뜨릴 수 있었다. 그 시절 오웰은 "계급을 가르는 벽이 무너져 내리는 같았"고, "해방감과 모험심을 맛봤"으며, "아주 행복"했다고 말한다. 그렇게 몇 달간 부랑자 숙소를 전전하던 그는 1928년 3월 이모가 있던 파리로 향한다. 그곳에서도 역시 궁핍한 생활은 계속되었지만, 이때부터 프랑스와 영국의 주간지에 에세이를 싣게 된다. 그러던 중 1929년 2월 폐질환으로 병원에 몇 주 간 입원하고, 세계 대공황의 여파와 함께 퇴직금마저 바닥나자 그는 영어 개인 교습과 접시닦이 일을 하면서 근근이 버텨나갔다.

파리와 런던에서 극빈자로, 또 부랑자로 살면서 생전 처음으로 극도의 가난과 처음 마주한 오웰은 가난에 대해 통찰할 수 있었다. 그는 빈민과 빈민이 아닌 사람들과 근본적인 차이가 없다는 점, 빈민이나 걸인은 사회적인 쓰레기가 아니고 다른 사회 구성원들과 차별하고 비하하거나 경멸할 근거가 없다는 점, 가난한 자의 "인격을 파탄시킨 것은 나쁜 성품이 아니라 영양실조"라는 점, "대부분의 지식인들이 보수적인 사상을 견지하고 있는 것은 민중들을 위험한 존재들이라고 겁내기 때문"이라는 점 등을 깨달을 수 있었다. 그것은 계급적 편견을 깨는 일임과 동시에 사회의 부조리를 깨닫는 경험이었다.

"사람들은 타인의 일이 유익하냐 무익하냐, 생산적이냐 기생충적이냐 하는 것은 아무도 신경 쓰지 않는다. 오로지 중요시하는 것은 그 일을 통하여 얼마만큼의 수익을 올리고 있느냐 하는 것이다. 현대사회에서 능력이나 효율성, 사회적인 봉사 등을 논의할 때 가장 중요시되는 것은 오직 한 가지 '돈을 벌어라. 합법적으로 그리고 많이'라는 것이다. 돈이 모든 것을 평가하는 절대적인 척도가 되어버렸다. 걸인들은 이 척도에 맞지 않기 때문에 무시당하고 경멸당하는 것이다. 만일 구걸 행위로 일주일에 10파운드를 벌 수 있다면 구걸이란 직업은 존경받는 직업으로 바뀌게 될 것이다."

그가 파리에서 영국으로 돌아온 것은 1929년 말이었다. 영국에 돌아와서 부랑자들과 함께 지내며 글을 쓰기 시작한 오웰은 1930년 10월 파리와 런던에서의 극빈자 생활 경험을 바탕으로『파리와 런던의 밑바닥 생활』초고를 탈고했다. 이 책은 나중에 또 다른 경험이 덧붙여지고, 여러 번 수정을 거쳐 1933년 1월 출판업자 빅터 골란츠Victor Gollancz에 의해 출간되었고, 그해 6월에는 하퍼 앤드 브라더스Harper and Brothers 출판사를 통해 미국에서도 출간된다. 이 책부터 그는 영국의 가장 흔한 이름인 조지Geroge와 자신이 좋아하는 잉글랜드 서퍽Suffolk에 있는 강 이름인 오웰Orwell을 붙인 필명을 쓰게 된다. 조지 오웰이란 작가의 공식적인 데뷔였다.

런던과 파리에서의 생활은 영국의 식민 지배의 부당함에 눈을 뜬 청년 오웰이 노동계급과 하류 계층에게, 또 실업 문제로 시선을 돌리는 기회를 제공했다.

또한 빈민과 부랑자, 노동계급을 막연히 혐오하는 지식인의 위선을 깨닫게 해준 경험이 되었다. 그는 부랑자 중 상당수가 번듯한 노동자였다가 실업으로 어쩔 수 없이 부랑자로 전락한 것에 충격을 받았다. 당시 부랑자에 대한 영국 사회의 인식은 자신이 원하면 일자리를 얻을 수 있음에도, 실업수당을 받으려고 일자리를 구하지 않는 게으름뱅이에 불과하다는 것이었다. 실업은 불가피한 것이 아니었고, 모든 책임은 개인에게 돌려졌다. 오웰은 『파리와 런던의 밑바닥 생활』로 그 통념을 통렬히 깨뜨렸다.

오웰은 스스로 택한 빈민, 또 실업자로서의 생활을 통해 인생의 전환기를 맞는다. 그는 『파리와 런던의 밑바닥 생활』 말미에서 "앞으로 결코 부랑인들이 모두 술주정뱅이라고는 생각하지 않을 것"이고, "걸인에게 돈을 주며 고마워하리라고 생각하지 않을 것"이며, "실직을 당한 사람이 무기력하게 있어도 섣불리 간섭하려 들지 않을 것"이라고 썼다. 또 "고급 레스토랑에서 식사를 하지 않을 것"이라면서 "이것이 시작이다"고 선언했다.

1928년 무렵 처음으로 '실업'을 사회적인 문제로 파악한 오웰은 피착취자로서의 노동계급을 인식하며 사회주의자로서의 면모를 보이게 된다. 그런 의미에서 말하자면, 『파리와 런던의 밑바닥 생활』은 자기 언어가 없는 이들의 입을 대변한 기념비적인 저작이었으며, 사회주의자로서 오웰의 면모를 처음 확인할 수 있는 작품이라 할 수 있었다. 실업이 어떻게 빈민을 양산하는지, 제 목소리를 내지 못하는 계급이 어떻게 착취당하는지를 오웰은 이때의 경험을 통해 어렴풋하게 알게 된다.

한편으로 이 책은 작가로서의 시작을 알리는 저작이기도 했다. 이 책을 기점으로 꾸준히 책을 출간하게 되었기 때문이다. 1936년 이전까지 오웰은 파트타임 교사와 가정교사 등으로 일을 하거나 육체노동을 하면서 글을 쓰는 일을 계속한다. 1932년과 1933년에 학교 교사로 일했지만 어릴 때부터 그를 따라다니던 폐렴으로 입원하면서 끝을 맺게 된다. 1934년 10월부터 1936년 1월까지는 런던의 '북러버스 코너Booklover's Corner'라는 헌책방에서 파트타임으로 일을 한다.

이 사이 그는 왕성한 창작 활동을 펼친다. 버마에서의 경험이 담긴 소설 『버마 시절』을 처음에는 미국의 하퍼 앤드 브라더스 출판사를 통해, 나중에는 빅터 골란츠의 출판사를 통해 내놓았다. 또 『목사의 딸A Clergyman's Daughter』(1935)과 『엽란을 날려라』 등의 소설도 빅터 골란츠를 거쳐 나온 작품이다. 그리고 1936년 1월, 빅터 골란츠는 오웰에게 하나의 제안을 하게 된다. 영국 북부의 탄광 노동자들에 대한 책을 집필하면 어떻겠냐는 제안이었다. 그렇게 해서 오웰은 서점 일을 그만두고 잉글랜드 북서부로 향한다.

민주적
사회주의자의
길

파리와 런던에서 빈민으로 살아가며 계급 차별과 자본
주의 사회의 추악한 면을 몸소 겪은 오웰에게 1936년
은 중요한 해였다. 이 해를 기점으로 그는 사회주의자
로서의 삶을 살아가게 된다. 두 가지의 경험 때문이었
다. 이 역시 직접 행동에 따른 결과였는데, 하나는 위
건Wigan의 탄광 노동자들을 만나게 된 것이었고, 또 하
나는 스페인 내전 참전이었다. 위건에서 그는 계급적
편견을 통렬하게 비판하는 시각을 얻었고, 스페인에

서는 진정한 사회주의의 모습과 공산주의의 위선적인 모습을 깨닫게 된다.

우선 1936년 초 오웰은 빅터 골란츠의 요청으로 잉글랜드 북부의 탄광촌에서 일하는 광부들의 삶을 취재하기 위해 떠났다. 3개월 동안 그는 탄광 산업이 발달했던 잉글랜드 북서부에 있는 그레이터 맨체스터 Greater Manchester주와 요크셔Yorkshire, 랭커셔Lanca-shire 등에서 탄광 노동자의 삶을 직접 경험했다. 그렇게 나온 책이 "아침이면 제일 먼저 들리는 소리는 돌 깔린 길을 타박타박 걷는 여공들의 발소리였다"는 문장으로 시작하는 르포르타주 『위건 부두로 가는 길』이다. 오웰은 이 책을 기점으로 '민주적 사회주의자'로서의 방향을 확고히 하게 된다.

이 책은 탄광 지대 노동자들의 생활을 묘사한 1부와 민주적 사회주의와 그 적敵들에 대해 논하는 2부로 구성되어 있다. 1부에서 주로 얘기하고 있는, 오웰이 경험한 탄광 노동자와 그 가족의 삶은, 힘겹다는 말로는 다 표현할 수 없을 정도로 열악했다. 그걸 한 장면으로 보여주는 게, 오웰이 기차를 타고 탄광 쓰레기 더미와 굴뚝으로 가득한 도시의 슬럼가를 지나치며 마주친 젊은 여인의 눈빛이었다.

"그때 내가 그녀의 얼굴에서 본 것은, 까닭 모르고 당하는 어느 짐승의 무지한 수난이 아니었다. 그녀는 자신에게 어떤 일이 벌어지고 있는지 충분히 잘 알고 있었다. 모진 추위 속에, 슬럼가 뒤뜰의 미끌미끌한 돌바닥에 꿇어앉아 더러운 배수관을 꼬챙이로 찌르고 있다는 게 얼마나 끔찍한 운명인지를, 내가 알 듯 그녀도 잘 이해하고 있었던 것이다."

탄광촌에서 삶을 꾸려나가는 사람들은 말 그대로 '막장' 같은 삶을 살고 있었다. 석탄을 캐기 위해 움직이기도 힘든 좁디좁은 갱도 안에서 이동 시간을 제외하고 하루 7시간 30분씩 일해야 하는 광부들의 삶을 보며 오웰은 "나는 육체노동자가 아니며 앞으로도 그럴 일이 없기를 신께 빈다.……나는 봐줄 만한 거리 청소부가 될 수도 있고, 무능한 정원사가 될 수도 있고, 최악의 농장 인부가 될 수도 있다. 그러나 아무리 애를

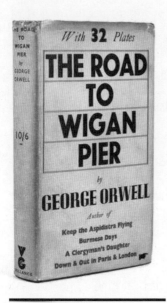

탄광 지대 노동자들의 생
활을 묘사한 1부와 민주
적 사회주의와 그 적들에
대해 논하는 2부로 구성
되어 있는 『위건 부두로
가는 길』. 오웰은 이 책을
기점으로 '민주적 사회주
의자'로서의 방향을 확고
히 하게 된다.

쓰고 훈련을 받는다 한들, 광부는 될 수가 없다. 그랬다 간 몇 주 만에 죽어버리고 말 것이다"라고까지 말한다.

그럴 수밖에 없었다. 오웰이 보기에 갱도는 지옥과 똑같았다. 갱도에는, 활활 타는 지옥불 말고는 "보통 사람이 지옥에 있으리라 상상할 만한 게 대부분 있"었다. "더위, 소음, 혼란, 암흑, 탁한 공기, 그리고 무엇보다 참을 수 없이 갑갑한 공간." 그런 곳에서 광부들은 특유의 문신을 새겨가며 일을 해나갔다.

"광부라면 누구나 코와 이마에 푸르스름한 자국이 있으며, 이 자국은 죽을 때까지 지워지지 않는다. 갱도 안은 석탄 먼지가 자욱하기 때문에 코나 이마를 부딪치면 이 탄진이 상처에 들어가고, 그 위에 새 살이 돋으면 문신 같은(실제로 문신인 셈이다) 푸르스름한 자국이 남는다."

그런 공간에서 불편한 자세로, 온갖 분진을 뒤집어쓰며 쉼 없이 일하는데도 광부들은 제대로 된 노동의 대가를 받지 못하고 있었고, 사실상 없는 존재로 취급받았다. 석탄이 없으면 현대 문명의 존립이 위태로운 데도, 광부들은 열악하다는 말로도 모자란 상황에서 인간 이하의 취급을 받아가며 일하고 있었다. 오웰의 말을 들어보자.

"탄광의 여건이 지금보다 열악했던 것은 그리 오래된 일이 아니다. 젊을 때 땅속에서 허리에 마구馬具 같은 띠를 차고 두 다리로 사슬을 이은 채, 팔다리로 기고 광차를 끌며 일하던 할머니들이 아직도 더러 살아 있다. 그들은 임신한 상태로도 그런 일을 하곤 했다. 나는 심지어 지금도 만일 임신한 여자들이 땅속을 기어 다니지 않으면 석탄을 얻을 수 없다고 한다면, 우리가 석탄 없이 살기보다는 그들에게 그런 일을 시키리라 생각한다. 어떤 육체노동이든 다 그렇다. 그것 덕분에 살면서도 우리는 그것의 존재를 망각한다."

오웰이 다른 글에서 "노동으로 먹고사는 사람들은 누구나 대체로 눈에 잘 안 띄며, 중요한 일을 할수록 눈에 덜 띄는 경향이 있다"고 말한 적이 있다. 이 말대로 이 사회에 꼭 필요한 어렵고 힘겨운 일을 하는 노동자는 대부분 잘 보이지 않는다. 그건 지금도 마찬가

지다. 그들은 새벽이나 밤에, 아무도 없는 곳에서, 혼자 일하다가, 끔찍한 사고를 당하기도 한다. 오웰은 광부들의 삶에서 그런 현상을 목격했고, "우리 모두가 지금 누리고 있는 비교적 고상한 생활은 '실로' 땅속에서 미천한 고역에 시달리는 사람들에게 빚지고 얻은 것이다. 눈까지 시커메지고 목구멍에 석탄 가루가 꽉 찬 상태에서 강철 같은 팔과 복근으로 삽질을 해대는 그들 말이다"라고 노동자를 없는 존재로 취급하는 자본주의 사회를 신랄하게 비판했다.

그가 위건에서 목격한 것은 또 있다. 그것은 신분에 따른 차별이었다. 탄광에서 일하다 생긴 질병으로, 엄연한 권리인 보상금을 받는 광부는 자신이 원하는 방식으로 돈을 지급받지 못했다. 그는 "매주 한 번씩 회사가 지정하는 때에 탄광으로 가야 했고, 가도 찬바람을 맞으며 몇 시간을 기다려야 했"으며, "돈을 내주는 사람이 누구건, 그에게 모자에 손을 대며 감사를 표하게 되어 있었다". 노동자가 당하는 이런 식의 냉대와 무시는, 오웰 같은 부르주아는, 비록 가난하더라도 절대 당하지 않는 일이었다.

"부르주아의 일원이라면, 나 같은 가난뱅이라도 사정이 전혀 다르다. 나는 굶어죽기 직전이라 해도 부르주아의 내 신분에 매달릴 특정한 권리를 갖는다. 나는 광부의 수입보다 벌이가 별로 낮지 않지만, 적어도 내 은행계좌에 그것을 신사답게 지급받아 원할 때 찾아 쓸 수 있다. 그리고 내 계좌가 바닥이 나도 은행 사람들은 여전히 그런대로 공손하다."

한편으로 오웰은 노동자에게서 일말의 희망을 품게 되었다. 무례하고 거칠 줄 알았던 그들은 친절했고, 타지에서 온 오웰을 얕보지 않고 환대했다. 또 부르주아의 가정보다 덜 억압적이라고 느꼈다. 그래서 오웰은 실업 상태가 아닌 노동계급의 가정에는 "따스하고 건전하고 인간적인 공기"가 있으며, "일거리가 꾸준하고 벌이가 괜찮다면 육체노동자가 '배운' 사람보다는 행복할 가능성이 많다고 감히 말하겠다"고까지 얘기한다. 오웰에게 노동자는, 자신이 바라던 인간의 전형이었다.

『파리와 런던의 밑바닥 생활』부터 『위건 부두로 가는 길』까지의 여정을 살펴보면 오웰이 자기 언어가 없는 이들을 대변해왔다는 걸 알게 된다. 오웰은 영국 식민지인 버마에 살고 있는 영국인과 버마인, 파리와 런던의 빈민과 부랑자, 탄광 노동자들의 삶 속으로 깊게 들어가 그들의 목소리를 세상에 내놓았다. 그건 관찰자라기보다는 참여하고 행동하는 자의 시선이었고, 그 와중에 그는 자신의 계급에 대해 성찰하면서 조금씩 사회주의자로 변화해간다. 그 변모의 과정과, 당시 사회주의가 처한 현실, 사회주의가 지지를 얻지 못하는 이유 등을 그는 『위건 부두로 가는 길』 2부에서 풀어놓는다.

우선 그는 노동자와 신분과 계급이 다른 부르주아에게 노동자들에 대한 편견이 어떻게 생기는지를 말한다. 그는 부르주아들이 어릴 때부터 듣고 자란 "아랫것들은 냄새가 나"라는 말에 담긴, 더럽고 역겨운 인간으로 노동자를 바라보도록 하는 혐오가 편견의 근본적인 원인이라고 분석한다. 이게 부르주아로 자란 유

럽인들이, 아무리 공산주의자나 사회주의자가 되더라
도 노동자를 동등한 사람으로 인정하기 어렵게 만드
는 진짜 이유라는 게 오웰의 깨달음이었다.

　오웰에 따르면 하층민을 멸시하도록 가르치는 어
릴 때부터의 교육 때문에 편견은 공고해지며, 중산층
은 사소한 계기만 있어도 계급적 편견을 드러낸다. 자
신을 사회주의자 또는 공산주의자로 자처하는 사람도
자신과 비슷한 계급을 주로 만나며, 취향이나 습관도
철저히 부르주아의 그것을 따른다. 오웰은 "모든 미덕
은 프롤레타리아에게 있다고 생각하는 사람이 왜 아
직도 수프를 소리 내지 않고 마시려고 용을 쓰는 것일
까?"라고 물은 뒤 "이유는 속으로는 프롤레타리아의
몸가짐을 역겨워한다는 것밖에 없"으며, "노동계급을
혐오하고 두려워하고 무시하도록 배운 어린 시절의
교육에 아직도 반응하고 있는 것"이라고 답한다. 바로
자신이 그러했던 것처럼 말이다.

　그러면서 그는 계급적 편견에서 자유롭다고 말하
는 부르주아 출신 사회주의자, 또 지식인들을 비판한

다. 그가 보기에 계급적 편견과 차별을 없애기 위해서는 대가가 필요했다. "계급 차별을 철폐한다는 것은 자신의 일부를 포기하는 것"이었다. 관념으로만, 이상으로만 노동계급과 동등하다고 생각하면서, 자신의 취향과 습관과 태도에 대해 성찰하지 않으면서, 계급적 편견에서 자유롭다고 말하는 건 어불성설이었다. 부르주아는 입으로는 노동계급이 자신과 동등하다고 말하지만, 속으로는 노동자들을 전혀 동등한 존재로 취급하지 않았다. 대신 그들은 노동자들의 취향과 습관을 무시하면서, 부르주아의 취향을 알게 모르게 강요했다. 오웰이 보기에 그런 위선적인 모습이 민주적 사회주의의 진정한 적敵이었다.

오웰은, 부르주아 계급이 "똑똑한 '우리'가 하층 계급인 '그들'에게 부여할 일련의 개혁"으로 혁명을 인식하는 한 사회주의는 노동자들에게 받아들여지지 않을 것이라고 주장했다. 또 노동자들이 보기에 사회주의가 중산층에게만 국한된 이론으로 보이는 한, 전형적인 사회주의자가 "5년 뒤면 부잣집 딸과 결혼하고 가톨

릭교도로 개종할 가능성이 다분한 젊고 속물적인 과격파"이거나 "절대 잃을 생각이 없는 사회적 지위"를 지닌 자로 비춰지는 한, 사회주의는 자리를 잡지 못할 것이라고 생각했다. 오웰은 부르주아 출신의 사회주의자가 실제 노동자들을 있는 그대로 받아들이지 않고 노동자들의 모습에 실망한 끝에 보수주의자로 회귀하는 세태도 사회주의의 적이라고 보았다.

아울러 "대부분의 중산층 사회주의자들이 이론적으로 계급 없는 사회를 위해 애쓰면서도 실제로는 자신의 구질구질한 사회적 위신에 악착같이 매달린다"면, 사회주의를 위협하고 있는 파시즘을 '집단 사디즘'이라는 식으로 무시하고 언젠가 사라질 예외적인 현상으로 치부한다면, 사회주의는 실현되지 못할 것이라고 생각했다.

그가 찰스 디킨스Charles Dickens를 비판하는 것도 이와 무관치 않다. 그가 보기에 디킨스는 "훔치고 싶은 유혹을 느낄 만큼 대단한 가치를 지닌 작품을 쓴 작가 중 하나"였지만 "프롤레타리아 작가"도, "혁명적 작가"

도 아니었다. 오웰은 "디킨스는 아무리 노동계급을 칭송할지라도 그들과 닮고 싶은 마음이 없었"으며 "부자에 맞서 진심으로 가난한 사람 편에 섰지만 노동계급의 겉모습을 오명이라고 생각하지 않는 것은 그에게 거의 불가능한 일이었을 것"이라고 말한다.

오웰은 자신의 계급적 한계를 분명 직시하고 있었다. 그는 계급을 타파하는 게 결코 쉽지 않다는 걸 알았다. 그런 한계를 알아야 성찰도, 또 일정한 방향 설정도 가능할 터이다. 오웰은 "내 악센트나 내 취향이나 신조를 프롤레타리아화할 수 없으며, 할 수 있다 해도 하지 않을 것"이라고 분명히 선을 긋고, "나는 누구에게 내가 쓰는 악센트를 쓰라고 요구하지 않는다. 그렇다면 왜 다른 사람은 나에게 자기처럼 말을 하라고 나에게 요구해야 하는가?"라고 말한다. 노동계급의 취향과 습관을 바꾸라고 할 게 아니라 인정하라는 얘기다. 즉, 노동계급을 자기 입맛에 맞게 섣부르게 이상화시켰다가 실망하지 말고, 내려다보는 고압적인 자세로 그들을 대하지 말고, 이상적인 모습에 노동자를 꿰어

맞추지 말고, 있는 그대로의 노동자를 응시하라는 것이다.

오웰은 사회주의가 이론에 기반을 둔 독선과 파벌에 휩싸였다며 이를 "똥 더미 속에 감춰져버린 다이아몬드"라고 말한다. 사회주의자가 할 일은 그 똥 더미 속에 감춰진 다이아몬드인 정의와 자유를 찾아내 널리 알리는 일이라는 게 오웰의 주장이었다.

"우리가 함께 목표로 삼고 단결할 수 있는 이상은 사회주의의 바탕이 되는 이상밖에 없다. 그것은 바로 정의와 자유다. 허나 이런 이상은 거의 완전히 잊혀버려 '바탕'이란 말을 쓸 수도 없는 지경이다. 이 이상은 이론 일변도의 독선과 파벌 다툼과 설익은 '진보주의'에 층층이 묻혀버렸다. 똥 더미 속에 감춰져버린 다이아몬드가 되어버린 셈이다. 사회주의자가 할 일은 그것을 찾아내는 것이다. 정의와 자유 말이다! 이 두 마디야말로 온 세계에 울려 퍼져야 하는 나팔소리이다."

희망을
엿본 자의
업

———————

1936년은 독일과 이탈리아에 이어 스페인에서도 내
전이 일어나며 파시즘이 발흥하던 때였다. 오웰은『위
건 부두로 가는 길』에서 당시 상황을 이렇게 전한다.

　"사회주의라는 대의는 전진하는 대신 후퇴하고 있
는 것처럼 보인다. 지금 현재 사회주의자들은 거의 어
느 곳에서나 파시즘의 맹공에 후퇴하고 있으며, 사태
는 무섭도록 빠르게 전개되고 있다. 내가 지금 이 글을
쓰고 있는 순간에도 스페인의 파시스트 세력은 마드

리드를 폭격하고 있으며, 이 글이 책으로 출간되기 전에 우리는 또 하나의 파시스트 국가가 생겨나는 꼴을 지켜보게 될 것이다."

그 꼴을 지켜보기 싫어서였을 게다. 그는 『위건 부두로 가는 길』을 탈고하자마자 스페인으로 향한다. 이해 6월에 결혼한 아내 아일린Eileen과 함께였다. 민주적 사회주의자로서의 정체성을 확립한 오웰은 파시즘에 맞서 사회주의를 지키기 위해 자청해 스페인으로 향했다. 그리고 이 해부터 민주적 사회주의를 지지하고 전체주의에 맞서는 본격적인 정치적인 글쓰기가 시작되었다.

"스페인 내전과 1936~1937년에 있었던 그 밖의 사건들은 저울을 한쪽으로 기울게 했고, 그 뒤부터 나는 내가 어디 서 있는지 알게 되었다. 1936년부터 내가 쓴 심각한 작품은 어느 한 줄이든 직간접적으로 전체주의에 '맞서고' 내가 아는 민주적 사회주의를 '지지하는' 것들이다. 우리 시대 같은 때에 그런 주제를 피해 글을 쓸 수 있다고 생각하는 건 내가 보기엔 난센

스다. 누구든 어떤 식으로든 그런 주제에 대해 쓰고 있는 것이다."

스페인으로 떠난 건 1936년 12월이었다. 처음에 오웰은 신문기사를 쓸까 하는 생각으로 스페인에 갔지만 도착하자마자 마르크스주의 통일노동자당POUM 소속 의용군으로 전쟁에 참가한다. 그가 통일노동자당 소속의 의용군에 들어간 것은, 영국 독립노동자당에서 제공한 신분증을 들고 바르셀로나에 도착했기 때문이었다. 이 우연으로 오웰은 스페인 내전의 실상, 정확히 말하면 공화 진영 안에서 권력을 잡기 위해 공산주의자들이 어떻게 행동했는지를 알게 된다.

스페인 내전은, 파시스트 정당인 팔랑헤당 등 우파 세력으로 이루어진 국민 진영이, 1936년 총선에서 승리해 권력을 잡은 사회주의 등 공화 진영의 제2공화국을 쿠데타로 전복시키려 하면서 시작되었다. 프란시스코 프랑코Francisco Franco 장군을 중심으로 한 군부 세력과 파시스트들이 1936년 7월 18일 쿠데타를 일으켰고, 왕당파 등이 결합하면서 내전은 본격화되었

쿠데타를 통해 제2공화국을 전
복한 프란시스코 프랑코. 오웰
은 마르크스주의 통일노동자당
소속 의용군으로 스페인 내전에
참가했다.

다. 이에 맞서 사회주의자, 아나키스트, 공산주의자, 노동조합 등의 공화 진영이 공화국을 지키기 위해 나섰다. 독일과 이탈리아가 국민전선에 무기를 지원했고, 공화 진영의 지원자는 소련과 멕시코였다. 표면적으로는 그랬다.

그러나 그 내부의 정치적 상황은 복잡했다. 공화 진영 내부에서는, 소련의 지시와 명령을 받아 권력을 잡으려던 공산주의자들이 기존에 권력을 잡고 있던 사회주의자와 아나키스트들을 몰아낼 기회를 엿보고 있었다. 사회주의·아나키즘 정당과 노동조합의 무장을 해제시키고, 이들이 각자 운영 중이던 의용군을 인민군의 편제 아래로 복속시켜 권력을 잡는 게 공산주의자들의 목적이었다.

특히 이런 움직임은, 스페인의 주요 산업이 몰려 있고, 그에 따라 노동조합의 세력이 강하며, 노동자가 혁명으로 도시를 지배하게 된 바르셀로나를 중심으로 한 카탈로니아에 집중되어 있었다. 여기에 오래전부터 스페인에서 독립을 요구해온 카탈로니아와 스페인의 중심지 역할을 해온 카스티야 지역 간의 대립도 있었다. 이념과 지역에 따른 갈등이 복잡하게 얽혀 있는 게 스페인이 처한 상황이었다. 바로 그 시점에 오웰은 정말 우연히도 바르셀로나에 오게 된 것이었다.

바르셀로나에 도착했을 당시, 또 의용군으로 복무하면서도 오웰은 이런 상황을 한동안 몰랐다. 그는 파시즘과 싸우기 위해 스페인에 왔을 뿐이었다.

"나는 스페인에 처음 왔을 때, 그리고 그 후 얼마 동안도, 정치적 상황에는 관심이 없었을 뿐만 아니라 알지도 못했다. 전쟁이 벌어지고 있다는 것만 알았지, 어떤 종류의 전쟁인지도 몰랐다. 그런데도 왜 의용군에 입대했느냐고 묻는다면 나는 '파시즘과 싸우기 위해서'라고 대답했을 것이다. 무엇을 위하여 싸우느냐고 묻는다면 '공동의 품위를 위해서'라고 대답했을 것이다.……나는 바르셀로나의 혁명적 분위기에 깊이 끌렸다. 그러나 그것을 이해하려고 하지는 않았다."

처음 당도한 바르셀로나의 혁명적 분위기는 오웰에게 놀라운 경험을 안겼다. 노동계급이 권력을 잡은

게 사람과 도시를 어떻게 변화시키는지를 두 눈으로 확인한 것이었다. 존칭 대신 격식을 차리지 않은 인사말이 오고갔다. 구두닦이도, 웨이터도 손님을 똑바로 보며 구두를 닦고 주문을 받았다. 팁을 주는 문화는 사라졌다. 사람들은 대부분 노동자 옷차림을 하고 다녔다. 누구를 보든 당당하게 동지라는 표현을 썼고, 굴종적인 태도가 사라졌다. 사람들은 희망에 차 있었다. 오웰은 파시즘에 맞서 싸워서 스페인을 지킬 만한 가치가 있다고 생각했다. "갑자기 평등과 자유의 시대에 들어섰다는 느낌" 때문이었다.

그러나 이런 자유와 평등의 분위기는 그리 오래가지 못했다. 부르주아는 프롤레타리아 행세를 하며 기회를 노리고 있었고, 통일사회당을 지배하던 공산주의자들은 카탈로니아 지역의 아나키스트와 통일노동자당에서 권력을 빼앗기 위해 때를 기다리고 있었다. 그런 줄도 모르고 오웰은 전선으로 향했다.

바르셀로나에 도착한 뒤 몇 주간 훈련을 받은 오웰은 스페인 북동부의 아라곤 전선에 투입된다. 그가 이곳에 머물던 시기, 전선은 소강 상태였다. 사라고사 주위의 산에 있는 참호에 머물며 적들의 동태를 살피고 이따금 서로를 사격하기도 했다. 전투는 없었다. 통일노동자당 의용군이 가진 보급품은 형편없었다. 군복도 허름했고, 전선에 가서야 제조된 지 40년이 넘은 낡은 소총을 지급받았을 뿐이었다. 전선에 있을 때 오웰을 가장 괴롭힌 건, 적이 아니라 추위였다. 땔감을 구하는 게 가장 중요한 일이었다. 소련의 지원에도 의용군의 무기와 보급이 형편없었던 건, 무기를 공산주의자들에게만 나눠주었기 때문이었다. 소련의 무기를 얻기 위해서는 통일사회당 같은 공산주의 정당에 가입해야만 했다. 통일노동자당 의용군은 소련의 지원 대상이 아니었다.

보급은 별로였지만 의용군의 사기는 저하되지 않았다. 전쟁 초기에 의용군이 없었다면 전선은 궤멸되었을 터였다. 그들은 보잘것없는 무기로 전선을 지켜냈다. 오웰이 보기에 그 힘은, 의용군 내의 평등에서 나오는 것이었다. 의용군은 공산주의자들에 의해 뒤늦

게 만들어진 인민군과 여러모로 달랐다. 의용군은 자원이 많았던 반면에 인민군은 징집이 많았다. 또 의용군에는 계급에 대한 특권이 없었지만 인민군은 장교와 사병 간 차이가 확연했다.

"모든 의용군이 위계가 아니라 민주주의를 원칙으로 삼았다. 물론 명령에 복종해야 한다는 것은 알았다. 그러나 명령도 윗사람이 아랫사람에게 내리는 것이 아니라, 동지가 동지에게 하는 것임을 인식했다. 장교도 있고 하사관도 있었으나, 일반적인 의미에서의 군사적 계급은 없었다. 계급 명칭도, 계급장도, 뒤꿈치를 소리 나게 붙이며 경례를 하는 일도 없었다. 의용군 내에서 일시적이나마, 계급 없는 사회의 산 표본을 만들어보려 했던 것이다. 물론 완전한 평등은 없었다. 그러나 평등의 수준은 내가 그때까지 보아온 모든 것 이상이었고, 또 내가 전시에 가능하리라고 생각했던 것 이상이었다."

의용군이 이런 체계를 갖추게 된 건, 내전이 발생함과 동시에 노동조합이 총파업을 일으키고 노동계급이 의용군에 자원하면서, 카탈로니아의 권력을 노동조합·사회주의·아나키즘 정권이 차지했기 때문이었다. 노동자들에 의한 혁명의 산물이었던 것이다. 이게 바르셀로나의 혁명적 분위기가 가능했던 이유였다. 오웰은 "계급 없는 사회의 축소판"이자 "냉담과 냉소보다는 희망이 더 정상적인 것으로 취급되는 공동체, '동지'라는 말이 대부분의 나라에서처럼 허위가 아니라 진정한 동지적 관계를 의미하는 공동체"였던 의용군 안에서 "사회주의를 미리 맛보았"고, "평등의 공기 속에서 숨을 쉬었다"고 술회한다. 그 결과 "사회주의의 수립을 갈구하는 내 욕망은 전보다 훨씬 더 실제적이 되었다"고 말한다. 오웰이 보기에 "스페인에서 벌어진 일은 사실 단순한 내전이 아니라 혁명의 시작이었다".

위건에서의 경험을 통해 노동계급에게 하나의 희망을 엿보고, 또 사회주의자를 자처하게 된 오웰에게, 스페인은 민주적 사회주의가 실현되었을 때의 모습이 어떤지를 확연히 보여주었다. 계급과 신분 차별이 사라지고, 누구나 평등하게 서로를 대하는 그 사회는 유토피아에 가까웠다. 너무나 이상적인 사회였지만 오웰은 얼마 지나지 않아 그 사회가 신기루처럼 사라지는 걸 목격했고, 다시는 볼 수 없었다. 그런 의미에서 스페인은 오웰에게 희망과 욕망을 동시에 안겨주었다. 사회주의가 실현된 사회가 어떤 모습인지를 보았기에, 그 사회를 더욱더 갈구하게 된 것이다. 어쩌면 그게 희망을 엿본 자의 업業인지도 모르겠다.

스페인
혁명의
좌절

바르셀로나를 필두로 한 카탈로니아 지역에서 노동자 혁명으로 얻은 평등한 사회는 오래가지 못했다. 혁명을 깨뜨리려는 세력이 호시탐탐 기회를 노리고 있었고, 곧 노동자는 권력을 잃게 된다. 1937년 4월 오웰이 첫 휴가를 받아 바르셀로나에 갔을 때 이미 분위기가 달라져 있었다. 노동자들의 복장인 푸른 작업복은 사라졌고, 멋진 카키색 제복을 입은 인민군 장교가 눈에 띄게 늘었다. 인민군 장교들은 전선에서 의용군들

이 돈을 주고도 살 수 없었던 권총을 지니고 다녔다. 격식을 차린 말투가 다시 등장했고, 부자들은 고급 식당과 호텔에서 식사를 했다. 바르셀로나는 혁명 전의 상태로 급속히 돌아가고 있었다.

특히 이 해 5월에, 오웰이 바르셀로나에서 직접 목격하고 참여한, 공화 진영 사이에서 벌어진 시가전 이후 양상은 급변한다. 5월 3일 발발한 이 시가전은 카탈로니아 지역의 권력을 잡으려 혈안이 되어 있었던 공산주의자들로 이루어진 통일사회당과 치안대가 아나키스트들로 이루어진 전국노동자연맹이 관리하던 전화 교환소를 무력으로 접수하려 하면서 발발했다.

당시 전화 교환소를 접수하려는 시도는 도발 행위였고, 충돌이 일어날 수밖에 없는 상황이었다. 현지에서는 진작부터 계속되어온 공산주의자들과 아나키스트를 포함한 사회주의자들의 권력 다툼이 표면에 드러난 것이라고 여겼다. 누구나 예상한 대로 도시 곳곳에는 바리케이드가 생겨나고 통일사회당과 치안대가 주요 건물을 장악하는 걸 방어하기 위한 총격전이 벌어졌다. 아나키스트들과 통일노동자당 지도부는 사태를 진정시키려고 애썼다.

아나키스트들로 이루어진 전국노동자총연맹은 5월 6일 카탈로니아 지역 정부와의 협상을 통해 보복 조치를 하지 않는다면 바리케이드를 철거하고 작업장으로 돌아갈 것이라는 협약을 제안했다. 이와 달리 통일노동자당 지도부는 총격을 자제할 것을 지시했지만, 바리케이드 안에 남아 있을 것을 종용했다. 그 결과 통일노동자당은 5월 7일 카탈로니아 남부 지역의 발렌시아 정부에서 투입한 5,000여 명의 돌격대가 바르셀로나를 장악한 뒤 불법 단체가 되고 만다. 이 사태의 모든 책임은 통일노동자당에 들씌워졌다. 그것도 파시스트와 내통한 간첩, 프랑코의 5열, 트로츠키주의자라는 얼토당토않은 누명과 함께 말이다.

이 과정을 오웰은 바르셀로나에 머물며 고스란히 지켜보았다. 그리고 이때 이미 통일노동자당이 희생양이 될 것을 막연하게나마 짐작하고 있었다. 통일노동자당이 가장 약한 정당이었기 때문이다. 그 예감은 틀

리지 않았다.

　오웰이 전선으로 돌아간 후인 6월 16일, 통일노동자당은 불법 단체로 규정되었고, 오랫동안 사회주의 운동을 해온 안드레스 닌Andres Nin을 비롯한 통일노동자당 지도부는 곧바로 체포되었다. 소재가 파악되지 않는 사람들은 아내가 대신 체포되었다. 통일노동자당과 관련 있는 사람이면, 전선에 있는 의용군을 제외하고 모두 체포되어 재판도 없이 감옥에 갇혔다. 이 중 닌은 고문 끝에 살해되었고 국제여단 출신인 한 무리의 독일 자원병들이 게슈타포 요원으로 가장하고 닌을 구하러 온 것처럼 꾸며, 통일노동자당을 파시스트와 내통한 걸로 조작했다. "스탈린식 속임수의 기괴한 촌극"이었다.

　여기에 공산주의 계열의 언론이 나섰다. 시가전 당시 통일노동자당의 기관지는 검열을 당했다. 통일사회당 신문들은 통일노동자당이 위장한 파시스트 조직이라고 주장했고, "통일노동자당이 망치와 낫이 그려진 가면을 벗자 나치의 하켄크로이츠가 찍힌 무시무시하고 광적인 얼굴이 나타나는 만화"가 바르셀로나 전역에 배포되었다.

스페인뿐만 아니라 해외의 공산주의 계열 언론도 사태를 제대로 파악하려고도 하지 않은 채 통일노동 자당이 파시스트와 내통하고 있었다고 보도했다. 그들에 따르면 바르셀로나의 시가전은 통일노동자당이 후방에서 내전을 일으켜 파시스트들을 도우려는 목적으로 야기한 것이었다. 통일사회당의 주장과 그 주장을 뒷받침하는 언론의 보도가 맞물리면서, 이미 준비된 시나리오처럼 통일노동자당은 궤멸되었다. 이런 이유 때문에 오웰은 "스페인 내전은 아마도 1914~1918년의 대전 이후 그 어떤 사건보다 풍성한 거짓을 낳았을 것"이라고 말한다.

오웰은 『카탈로니아 찬가』를 통해 이런 언론의 보도가, 또 통일노동자당에 들씌워진 혐의가 조작이라는 걸 여러 측면에서 설명하고, 또 분석했는데 그중 하나가 통일노동자당 소속 의용군이 여전히 전선에 남아 싸웠다는 것이었다.

"통일노동자당이 정말로 파시스트 단체였다면 그 의용군이 왜 충성을 유지했는지 설명할 길이 없다. 1936~37년의 겨울 동안 견디기 힘든 조건에서 통일 노동자당 의용군에 속하는 8천 내지 만 명의 병사들은 전선의 주요 부분을 담당했다. 그들 가운데 다수는 한 번에 너댓 달씩 참호에 있었다. 그들이 왜 그냥 전선에서 빠져나오거나 적에게 넘어가지 않았는지 알기 힘든 일이다. 그들은 언제나 그렇게 할 수 있는 힘이 있었다. 그리고 당시의 그런 행동은 전쟁에 결정적인 영향을 주었을 것이다. 그러나 그들은 계속 싸웠다. 통일노동자당의 의용군-아직 인민군으로 재배치되기 전이다-이 우에스카 동부에 대한 격렬한 공격에 참여하여 불과 하루 이틀 사이에 수천 명이 전사한 것은 통일노동자당이 불법화된 직후의 일이다."

스탈린이 지배하고 있던 소련과 스페인의 공산주의자들은 노동자의 혁명을 바라지 않았다. 그들은 공식적으로 노동자 혁명보다 중앙집권적인 지휘 체계를 갖춰 파시즘과의 싸움에서 승리하는 게 우선이라고 주장했다. 이와 달리 통일노동자당은 전쟁과 혁명은 분리될 수 없다는 입장이었다. 오웰은 당시 공산주의자들의 주장이 대체로 옳다고 여겼다. 전쟁에서 승리하는 게 우선이라고 본 것이었다.

"대체적으로 나는 공산주의자들의 관점을 받아들였다. 그것은 간단히 말해 '전쟁에서 승리하기 전에는 혁명을 이야기할 수 없다'는 것이었다. 통일노동자당의 관점은 받아들이기 힘들었다. 그것은 '전진 아니면 후퇴뿐이다'로 요약되었다. 후에 통일노동자당이 옳다고, 어쨌든 공산주의자들보다는 옳다고 판단한 것은 전적으로 이론의 문제 때문만은 아니었다. 글로 볼 때는 공산주의자들의 주장이 훌륭했다. 그러나 문제는 그들의 실제 행동이었다.……공산주의자들은 좀더 적당한 때가 올 때까지 스페인 혁명을 미루자는 것이 아니었다. 그들은 혁명이 일어나지 않게 하려고 노력했다."

혁명을 일으키지 않게 하려는 노력은 통일노동자당에 대한 모함과 언론을 활용한 대대적인 선전으로 드러났다. 공산주의자들은 통일노동자당의 입장을 비

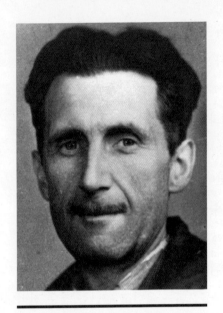

스탈린의 지시를 따르는 공산
주의자들로 구성된 통일사회
당은 파시스트 세력과 내통했
다며 공화 진영 내의 통일노동
자당을 숙청하며 권력을 잡았
다. 이를 직접 목격한 오웰은
스페인 내전은 혁명 세력과 반
혁명 세력의 전쟁이라고 주장
했다.

판하는 데 그치지 않고 그들을 파시스트 세력으로 모함한 것이다. 오웰의 말처럼 공산주의자들은 주요 산업과 토지 등을 집산화하는 노동자 혁명을 바라지 않았다. 오히려 사유재산을 인정했다. 『스페인 내전』의 저자 앤터니 비버는 "사유재산을 가장 드러내놓고 지키려 한 사람들은 흔히 생각하듯이 자유주의적 공화주의자들이 아니라 공산당과, 공산당의 카탈루냐 지부라 할 수 있는 카탈루냐 공산당(통일사회당)이었다. 두 조직은 혁명을 은폐하려는 코민테른의 노선을 따르고 있었다"고 말한다. 바로 이 때문에 통일노동자당이 희생양이 된 것이었다.

이런 사태를 통해 오웰은 스페인 내전의 실상이 사실은 혁명 세력과 반혁명 세력의 전쟁이라고 주장했다. "이 전쟁을 진짜 전쟁으로 여기는 이는 공화국 정부 내에선 아무도 없었다. 진짜 싸움은 혁명과 반혁명 세력 간의 대결인 것이다. 다시 말해 1936년에 쟁취했던 작은 것에 헛되이 매달리는 노동자들, 그리고 그것을 그들에게서 너무나 성공적으로 탈환하고 있는 자유주의와 공산주의 연합 세력 사이의 싸움인 것이다. 공산주의가 이제는 반혁명 세력이 되었다는 사실을 따라잡은 사람이 아직도 영국에 거의 없다는 건 안타까운 일이다."

오웰이 비판하고 있는 대상은 공산주의자들과 그들이 손잡은 부르주아 개량주의자들이었다. 오웰이 보기에 부르주아는 자본주의를 위해 싸우고, 노동자들은 사회주의를 위해 싸우는, 즉 각기 다른 목표를 위해 싸우는 게 스페인 내전의 양상이었다. 그리고 공산주의자들은 러시아, 즉 소련의 영향권 아래에서 혁명세력인 의용군을 감옥에 가두었고, 공포정치를 펼치고 있었다. 그 안에서 혁명은 사라져갔다. 오웰은 "정말 민주적으로 조직되어 장교와 사병이 같은 급료를 받고 완전히 평등하게 한데 섞여 지내던 노동자 민병대가 해체되고, 최대한 일반 부르주아 군대를 모델로 조직되어 장교의 특권이 대단하고 급료도 엄청나게 차이가 나는 등등의 대중군(이 역시 공산주의자들의 전문 용어로는 '인민군'이다)으로 대체됐다"는 것을 한 사례로

든다.

하지만 정작 더 큰 문제는 따로 있었다. 파시즘이란 거대한 악과 싸우면서 내부의 문제를 비판하는 목소리가 설 자리를 잃어버렸다는 것이다. 이런 예는 우리에게서도 찾아볼 수 있다. 하나의 목표를 향해 일사분란하게 움직여야 한다고 말하는 사람들이 그러지 않는 사람에게는 배신자나 변절자란 딱지를 붙이는 상황이 지금도 반복되고 있다. 또 거대한 악惡에 맞서기 위한다는 논리로 작은 악惡을 외면하는 행태도 여전하다.

오웰은 그걸 스페인에서 목격했다. 자신의 뜻과 맞지 않고, 그에 거스르는 정치 세력을 어떤 방식으로 압살하는지를 생생히 경험했다. 그는 스페인에서 공산주의자들이, 파시즘이 자본주의와는 아무런 상관이 없고, "정신병원 하나 가득한 살인광들을 갑자기 풀어놓았을 때나 벌어질 수 있는 무의미한 악행이요 일탈이요 '집단 사디즘'이라는 식"으로 여론을 조성한다면서 이렇게 말한다.

"그러는 동안 파시즘이나 부르주아 '민주주의'나 그게 그거라고 지적하는 말썽꾼을 제거해야 한다. 처음에는 그런 사람을 비현실적인 몽상가라 부르기 시작한다. 그가 문제를 혼동하고 있다고, 반파시스트 세력을 분열시킨다고, 지금은 혁명에 대한 미사여구나 늘어놓고 있을 때가 아니라고, 지금은 우리가 '무엇'을 위해 싸우는지를 너무 따질 게 아니라 함께 파시즘에 맞서 싸울 때라고 하는 것이다. 그래도 그가 입 다물기를 거부하면 나중에는 어조를 바꾸어 그를 배신자라 부르기 시작한다. 더 정확히 말하자면 트로츠키주의자라 부르는 것이다."

권력을 잡기 위해 음모를 꾸미며 누군가에게 낙인을 찍고 압살하는 행태는 나치즘 치하의 독일에서도, 스탈린 체제의 소련에서도 발생한 것으로, 독재와 전체주의 정권이 있는 곳이면, 언제 어디서든 발견할 수 있는 것이었다. 그것을 오웰은 스페인에서 먼저 보았다. 전체주의로 향해 나아가는 국가권력의 작동 방식과 권력 투쟁 양상을 제대로 경험한 것이다.

거짓에
맞서다

————————

돌이켜보면 비교적 짧은 기간 스페인에 머물렀음에도 오웰은 스페인 내전의 실상을 알아채는 기회를 얻었다. 그가 코민테른Comintern에서 모집한 국제의용군으로 참전했다면, 카탈로니아가 아닌 다른 지역에 배치되었다면, 통일노동자당 소속이 아니었다면, 바르셀로나에서 벌어진 시가전에 직접 참여하지 않았다면, 노동자의 혁명으로 일군 그 사회가 공산주의자들에 의해 그토록 무참하게 깨지는 걸 목격하지 못했을 터였다. 직접 경험했기에 그는 스페인에서 공산주의자들이 어떤 행동을 했는지를 확인할 수 있었고, 친親공산주의 언론이 사실을 어떻게 왜곡했는지도 파악할 수 있었다. 언론의 사실 왜곡, 그게 스페인에서 오웰이 깨달은 또 하나의 현실이었다.

당시 스페인을 비롯한 영국 등 유럽의 공산주의 계열 언론은 스페인 내전의 실상을 미처 파악하지 못했다. 아니 정확히 말하면 영국의 좌파 언론이나 좌파 지식인들은 스페인의 이런 현실을 알리려고 하지도 않았으며, 또 알고서도 묵인했다. 내부 비판을 허용치 않는 진영 논리, 당의 노선에 오류는 있을 수 없다는 교조주의에 휘말린 까닭이다. 우리에게도 익숙한 이런 상황을 오웰은 이미 스페인 내전을 통해 경험하고 있었다.

"나는 아서 쾨슬러에게 '역사는 1936년에서 멎었다'는 말을 한 기억이 있다. 내 말을 바로 알아듣겠다는 듯 그는 고개를 끄덕였다. 우리 둘 다 전체주의 일반에 대해 생각하고 있었지만, 특히 스페인 내전을 염

두에 두고 있었던 것이다. 나는 꽤 어릴 때부터 어떠한 사건도 신문에 정확히 보도될 수 없다는 점에 주목한 바 있었는데, 그러다 스페인에 가서 처음으로 신문이 사실과는 아무 상관도 없는 것들을 보도하는 것을 목격하게 되었다.……나는 싸움이 벌어지지도 않았는데 대단한 전투가 있었다고 보도하는 것을 보았고, 수백 명이 목숨을 잃었는데도 완전히 침묵하는 것도 보았다. 용감하게 싸운 부대원들을 비겁자나 반역자로 몰아세우는 것도 보았고, 총성 한번 못 들어본 이들을 상상의 승리를 거둔 영웅으로 마구 치켜세우는 것도 보았다. 또한 런던의 신문들이 그런 거짓을 그대로 옮겨 적는 것도 보았고, 열성적인 지식인들이 일어난 적도 없는 사건에다 감정적으로 살을 붙이는 것도 보았다. 달리 말해 나는 역사가 실제 일어난 대로가 아니라, 이런저런 '당의 노선'에 따라 일어났어야 하는 대로 기록되는 것을 본 것이다."

오웰은 스페인 내전에서 전체주의와 교조주의의 폐해를 목격했고, 역사 왜곡의 위험성을 직시했다. 오죽했으면 『카탈로니아 찬가』 말미에 "나의 당파적 태도, 사실에 대한 오류, 사건들의 한 귀퉁이만 보았기 때문에 생길 수밖에 없는 왜곡을 조심하라. 또한 스페인 전쟁의 이 시기를 다룬 다른 책을 읽을 때도 똑같이 조심하라"고 썼겠는가.

나중에 밝혀진 바에 따르면, 소련은 공화 진영을 지원하면서 여러 이득을 챙겼다. 당시 스페인은 세계에서 4번째로 많은 국가 소유의 금을 보유하고 있었고, 소련은 이 금을 받고 무기를 제공했다. 이에 대해 『스페인 내전』의 저자 앤터니 비버Antony Beevor는 이렇게 얘기한다.

"소련이 공화 정부에 무기를 제공하거나 아니면 선박 운송 혹은 공화 정부 군대나 전문가들을 훈련시키는 등의 도움을 제공하고 공화 정부에 비용을 청구하면서 적용한 계산 방법이 정당했는지 그렇지 않았는지를 판단하기는 매우 어렵다. 그러나 공짜로 제공된 것은 아무것도 없었고 아무리 너그럽게 봐준다고 해도 많은 항목이 과다하게 계산된 것은 분명해 보인다."

블라디미르 레닌Vladimir Lenin이 죽은 뒤 레온 트로츠키Leon Trotsky의 세계 혁명 정책을 분쇄하고, 트로츠키주의자들을 대거 숙청하면서 정권을 잡은 스탈린은 '일국 사회주의' 정책을 폈다. 다른 나라의 공산주의 혁명에 개입하지 않겠다는 것이었다. 그러나 일국 사회주의는 소련에 이익이 되느냐 되지 않느냐에, 또 내부적인 사정에 따라 유동적이었다. 스탈린은 히틀러를 자극하는 걸 원치 않았지만, 스페인 내전을 유리하게 이용할 수 있고, 또 국내와 국제적 지지를 모두 얻을 수 있다는 판단 아래 9월부터 스페인 공화 정부를 지지하는 대규모 시위를 조직하라는 지시를 내렸다. 또 스페인에 군사 고문을 파견해 공화 정부의 내부를 잠식해갔다.

한편으로 텍사스 정유 회사, 스탠더드 정유 회사 등 미국의 석유 기업은 국민 진영에 전쟁 기간에 350만 톤의 석유를 외상으로 수출했다. 포드와 스투드베이커, 제너럴모터스 등 미국의 자동차 회사는 1만 2,000대의 군용 트럭을 국민 진영에 제공했다. 독일과 이탈리아가 제공한 차량보다 3배가 많았다. 화학 회사인 듀폰은 4만 발의 폭탄을 국민 진영에 제공했다.

영국과 프랑스는 독일과 이탈리아를 자극할 수도 있다는 논리로, 스페인 공화 진영에 아무런 지원을 하지 않았다. 파시즘과 자본주의에 의해 스페인의 공화 진영은 고립되었다. 스페인 내전은 이길 수 없는 전쟁이었다. 공화 진영 내부에서 같은 편을 파시스트라 모함하며, 노동자 혁명을 분쇄하는 상황에서는 더더욱 그랬다.

스페인 내전의 실상은 오웰의 심신에 큰 상처를 남겼다. 1937년 6월 전선에서 저격병에 의해 목에 관통상을 입고 가까스로 살아난 그는 바르셀로나에 돌아와 쉴 틈도 없이 스페인을 탈출해야 했다. 통일노동자당이 불법 단체로 규정된 이후 대규모 검거가 이루어지고 있었기 때문이다. 아내와 함께 무사히 탈출했지만 그와 함께 싸운 동료들은 재판도 없이 감옥에 구금되었다. 통일노동자당 당원이나 의용군이란 이유만으로 그런 상황에 처했다. 전선에서 파시스트와 전투를

벌인 공로는 전혀 인정되지 않았다.

프랑스를 거쳐 영국으로 돌아온 오웰은 분노했다. 영국에서 스페인 내전의 실상을 전혀 모르고 있는 상황이었기 때문에, 또 무고한 사람들이 억울한 누명을 쓰고 갇혀 있다는 현실 때문이었다. 오웰은 이런 현실을 묵과할 수 없었고, 그 어떤 형태의 전체주의와 맞서 싸울 각오를 다졌다. 이것이 그가 영국에 돌아오자마자 서둘러 『카탈로니아 찬가』를 집필한 이유였다.

"내가 스페인 내전에 대해 쓴 『카탈로니아 찬가』는 물론 노골적으로 정치적인 책이다. 하지만 대체로 어느 정도 초연한 마음으로 형식을 고려하며 쓴 작품이다. 나는 이 책에서 나의 문학적인 본능을 거스르지 않으면서 모든 진실을 말하기 위해 상당히 애를 썼다. 그런데 다른 무엇보다 이 책엔 프랑코와 내통한다는 혐의를 받는 트로츠키주의자들을 변호하는, 신문 인용문 따위가 가득한 긴 장章이 있다. 이와 같은 장은 1~2년 뒤면 일반 독자의 관심에서 멀어질, 말하자면 책을 망칠 게 뻔한 부분이었다.……하지만 다른 방법이 없었

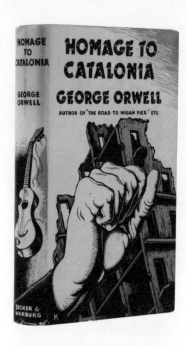

스페인 내전의 실상을 하
루라도 빨리 알리기 위해
집필한 『카탈로니아 찬
가』. 기록하는 작가로서
오웰의 면모가 잘 드러난
책이다.

다. 나는 영국에선 극소수의 사람들만 알 수 있었던, 무고한 사람들이 억울한 혐의를 뒤집어쓰고 있다는 사실을 어쩌다 알게 되었다. 그 사실에 분노하지 않았다면 나는 책을 쓸 생각조차 하지 않았을 것이다."

오웰은 스페인 내전의 실상을, 즉 노동자들의 혁명이 어떻게 분쇄되었고, 이상적인 사회주의 사회가 어떤 억압으로 무너졌는지를 알리고 싶어 했다. 그에겐 알리는 게 중요했다. 그러하기에 책을 망칠 게 뻔한 신문 인용문으로 가득한 장章을 뺄 수가 없었던 것이다. 기록하는 작가로서의 면모가 잘 드러나는 순간이다.

죽을 위기를 넘기고 스페인에서 빠져나온 오웰은 그러나 절망하진 않았다. 환멸과 냉소도 생겼지만, 그는 스페인에서의 경험을 통해 인간의 품위에 대한 믿음이 강해졌다고 술회한다. 통일노동자당이 불법화된 이후에도 파시스트와의 싸움을 위해 전선을 지켰던 노동자 출신 의용군에게서, 결의에 찬 눈빛을 보여주던 노동계급에게서 그는 희망을 보았다. 스페인 내전을 생각할 때 그가 의용군 훈련소에서 아주 잠깐 마주

쳤던 이탈리아인 의용군을 떠올리게 된 것도 이 때문이었다.

"그의 남루한 제복과 강인하면서 우수 어린 순박한 얼굴이 떠오르면(아 얼마나 생생한지!) 전쟁의 복잡하고 부차적인 문제들은 다 사라지는 듯하고, 아무튼 누가 옳았는지를 분명히 알 수 있게 된다. 힘을 앞세운 국제 정치와 언론의 거짓에도 불구하고, 이 전쟁의 핵심 이슈는 이런 사람들이 자신의 타고난 권리인 줄 알았던 인간다운 삶을 쟁취하고자 한 시도였다는 사실이다.……고작 1~2분밖에 보지 못했던 이 사람의 얼굴은, 나에게 이 전쟁이 정말 어떤 것이었는지를 일깨워주는 하나의 상징으로 남아 있다. 그는 나에게 유럽 노동계급의 정화精華다. 어느 나라든 경찰에게 시달리는 사람들, 스페인 전장의 공동묘지를 메우고 있으며 지금은 강제노동 수용소에서 썩어가고 있는 수백만이나 되는 사람들의 상징 말이다."

스페인 내전의 실상을 하루라도 빨리 알리기 위해 오웰은 『카탈로니아 찬가』 집필을 서둘렀고, 1938년

1월 탈고했다. 그러나 출간은 쉽지 않았다. 영국의 공산주의자와 사회주의자들은 스페인의 통일노동자당이 파시스트 세력이었다는 공산주의 언론의 말을 그대로 믿고 있었기 때문이다. 『위건 부두로 가는 길』을 출간했던 사회주의 계열의 빅터 골란츠도 마찬가지였다. 오웰은 이 원고를 빅터 골란츠에게 보냈으나 거절당했고, 나중에 빅터 골란츠는 1937년 5월 바르셀로나에서 벌어진 사태에 대해 오웰과 다른 입장에서 서술한 책을 출간했다.

『카탈로니아 찬가』는 1938년 4월에 이르러, 스탈린주의에 적대적인 사회주의자들의 책을 많이 내는 바람에 공산주의자들에게서 외면 받아 운영이 어렵던 프레더릭 존 와버그Fredric John Warburg의 작은 출판사 세커 앤드 와버그Secker & Warburg에서 출간될 수 있었다. 출간 당시 별다른 반향을 일으키지 못했던 이 책은 나중에 가서야 스페인 내전을 객관적으로 바라본 기록물로서 가치를 인정받게 된다.

파시즘과의
전쟁에
중립은
없다

———————

스페인에서 돌아온 뒤 오웰은 스스로 밝혔듯 전체주의에 맞서고 민주적 사회주의를 지지하는 것을 목표로 삼고, 글을 쓰고 행동에 나섰다. 자신의 정치적 입장을 확고히 하게 된 것이다. 1938년 6월 자신이 영국의 유일한 좌파 단체로 생각하던 독립노동당ILP에 가입하고 그 입장을 표명한 게 첫 시작이었다.

오웰은 「나는 왜 독립노동당에 가입했는가」란 칼럼에서 사회주의를 지지하고 독립노동당에 가입한 이유를 상세히 밝히고 있다. 그는 우선 "모든 작가는 '정치에 거리를 두려는' 충동을 느낀다"고 전제한 뒤에 "그런 이상은 기업형 슈퍼마켓들의 틈바구니 속에서 살아남기를 바라는 구멍가게 주인들의 꿈보다도 실현 불가능한 것이 되어가고 있다"고 말한다. 언론 자유가 위협받고 있는 상황 때문이라는 게 그 이유였다.

"나는 그런 상황에 맞서 싸워야 한다.……그리고 길게 볼 때 언론의 자유를 감히 허용할 체제는 사회주의 체제밖에 없다. 파시즘이 승리한다면 나는 작가로서는 끝이다. 즉, 내가 가진 유일하게 쓸 만한 능력이 끝이라는 것이다. 그것만으로도 내가 사회주의 정당에 가입할 이유는 충분할 것이다."

그러면서 그는 "독립노동당은 내가 보기에 사회주의라 할 만한 무엇을 지향하는 유일한 영국 정당이기 때문"에, 또 "제국주의 전쟁이나 영국적 형태로 나타날 파시즘에 맞서 바른 노선을 견지할 수 있는 유일한 정당이라 믿"기 때문에, 그리고 "스페인에서의 경험을 통해 그저 부정적이기만 할 뿐인 '반파시즘'이 얼마나

치명적으로 위험한지"를 절감했고 스페인에서 독립노동당이 보여준 노선이 정당했기 때문에 독립노동당에 가입했다고 밝히고 있다.

그러나 오웰은 1939년 독립노동당을 탈퇴한다. 제2차 세계대전이 발발했지만 독립노동당은 평화주의 노선을 견지하고 있었기 때문이다. 그는 평화주의 노선을 지지하지 않았다. 아무런 행동도 하지 않는 게 파시즘에 도움이 된다는 생각에서였다. 그는 스페인에서 그랬던 것처럼 파시즘에 맞서 싸워야 한다는 입장이었다.

오웰은 제2차 세계대전을 "생각의 자유를 지키려는 싸움"으로 보았다. 전쟁은 벌어지기 전까지는 피해야 하지만, 전쟁이 벌어졌다면 맞서 싸워야 한다고 생각했다. 오웰은 독·소 불가침조약이 발표되기 전날 밤, 전쟁이 시작된 꿈을 꾼 걸 소재로 1940년 발표한 「좌든 우든 나의 조국」이란 글에서 이렇게 말한다.

"내가 전쟁을 지지하는 이유를 스스로 옹호해야만 한다면, 나는 충분히 그럴 수 있다고 믿는다. 히틀러에게 저항하느냐 아니면 굴복하느냐의 선택에선 딱히 다른 대안이 없는 것이다. 아울러 사회주의자 입장에서 나는 저항하는 게 낫다고 말할 수밖에 없다. 아무튼 나는 스페인에서 공화파가 저항하는 것, 중국인이 일본에 저항하는 것 등등에 대하여 굴복하는 게 낫다는 주장 중에 말이 되는 경우를 본 적이 없다. 하지만 나는 그런 사실들이 내 행동의 감성적 바탕인 척하고 싶지 않다. 그날 밤 꿈을 통해 내가 알게 된 것은, 중산층에게 주입되어온 애국주의가 마침내 효과를 본다는 것이었으며, 영국이 심각한 궁지에 빠지면 나로서는 애국주의에 반기를 드는 게 불가능하다는 점이었다."

오웰은 애국심을 긍정했다. 애국심 덕분에 영국이 지탱될 수 있는 것이라고 판단했다. 그는 애국심을 부정하는 이들을 경계했다. 오웰은 전쟁을 지지하는 자신의 태도가 제1차 세계대전의 여파로 어릴 때부터 군사훈련을 받는 등 군국주의적 분위기에서 교육을 받았기 때문에 생긴 것이라고 파악했다. 그래서 전쟁이 발발했음에도 평화주의를 지지하는 지식인들을 위선자로 치부했을지도 모른다. 이렇게 말할 정도였으니 말이다.

"나는 군국주의적 분위기 속에서 자랐고, 그 뒤로는 날마다 나팔 소리를 들으며 따분한 5년을 보냈다. 그래서인지 지금까지도 국가가 울려 퍼질 때 일어서서 부동자세를 취하지 않으면 왠지 신성모독이라도 범하는 기분이다. 물론 유치하긴 하지만, 나는 너무 '계몽'되어서 가장 일상적인 정서도 이해하지 못하는 좌파 지식인처럼 되느니 그런 식의 훈육을 받는 게 낫다고 생각한다. 정작 혁명의 순간이 다가왔을 때 움찔하며 물러서는 이들은 국기를 보고 '한 번도' 가슴이 두근거려 본 적이 없는 바로 그 사람들인 것이다."

그는 1945년 발표한 「민족주의 비망록」이란 글에서 평화주의자에 대해 "사람의 목숨을 앗아가는 일에 반대하여 그 이상은 자신의 사고력을 진전시키지 않는 쪽을 택한 인도주의자", 또 "폭력을 '포기'하는 사람은 남들이 그를 대신해 폭력을 저지르기 때문에 그럴 수 있는 것"이라고 말했다.

오웰은 제2차 세계대전에 중립 같은 것은
없다며 파시즘과의 전쟁을 적극 지지했다.
1942년 미국의 폭격기가 독일 베를린에
폭탄을 투하하고 있는 모습.

"평화주의를 지지하는 일반적인 단기적 주장, 즉 나치에 저항하지 않을 때 나치를 가장 잘 꺾을 수 있다는 주장은 인정될 수 없다. 나치에 저항하지 않는다면 나치를 돕는 것이며 나치를 인정해야 한다.……폭력에 굴복함으로써 폭력을 무너뜨릴 수 있다는 견해는 그저 현실도피일 뿐이다. 이미 지적했듯이 이런 입장은 돈과 총의 보호를 받는 사람들이나 가질 수 있는 생각이다. 하지만 왜 이러한 현실도피를 하는 것일까? 철저하게 폭력을 증오하는 이들은 현대사회에 폭력이 필수불가결한 것, 그들 자신이 지닌 훌륭한 감정과 고결한 태도가 모두 무력에 의해 뒷받침되는 부당성의 산물이라는 것을 인정하고 싶지 않기 때문이다.……이번 전쟁에 중립 같은 것은 없다."

제2차 세계대전에 중립 같은 것은 없다고 단호히 말할 정도로 오웰은 파시즘과의 전쟁을 적극 지지했다. 그 과정에서 제2차 세계대전을 히틀러에게 저항하느냐 굴복하느냐로, 즉 명백한 흑백 논리로만 재단하는 한계를 드러내기도 했다. 파시즘에 대한 반발이 평화주의자에 대한 비판으로 옮겨간 셈인데, 오웰은 세계 평화를 얘기할 수 있으려면 먼저 히틀러부터 제거해야 한다고 주장했다. 오웰은 소위 제2차 세계대전을 '정당한 전쟁'으로 인식하고 있었던 것이다.

그러나 '정당한 전쟁'으로 인식되었던 제2차 세계대전은 결코 정당하지 않았다. 파시즘과의 싸움을 위해 제2차 세계대전에 참전했던 미국의 역사가 하워드 진Howard Zinn의 주장처럼, 그 전쟁은 유대인을 살리기 위한 전쟁도, 민족자결을 위한 전쟁도, 인종차별주의에 대항한 전쟁도, 민주주의를 위한 전쟁도 아니었다. 진은 1960년대에 이르러서야 드러난 연합군 측의 잔혹 행위, 신무기를 실험하기 위해 별 필요가 없는데도 대규모 폭격을 행한 일, 항복할 기미를 알아채고도 히로시마와 나가사키에 원자폭탄을 떨어뜨린 일 등을 예로 들며 제2차 세계대전이 결코 정당한 전쟁이 아니었음을 밝힌다. 그리고 '정당한 전쟁'이라는 신화가, 훗날 벌어진 다른 전쟁을 가능케 하는 프로파간다로 작용했다고 주장한다.

하지만 1950년 사망한 오웰은 제2차 세계대전의 실상을 파악할 수 없었고, 스페인에서 그랬던 것처럼 전쟁이 벌어진 이상 파시즘을 분쇄하기 위해 전쟁에 적극 참여해야 한다고 보았다.

오웰은 전쟁에 관해서도 너무나 지독한 현실주의자였다. 그는 인도주의에 매몰되지 않고 전쟁의 야만성을 인정해야 한다고 주장했다. "젊은 군인들만 죽는다고 해서 전쟁이 더 인도적이고, 노약자들이 희생된다고 해서 전쟁이 더 야만적이라는 데"에 오웰은 공감할 수 없었다. 전선이 아닌 후방에 안전하게 머물며 '인도적'이고 '제한적'인 전쟁을 이야기하는 이들의 위선을 비판했고, 그런 맥락에서 제2차 세계대전 들어서 새롭게 전개된 전쟁의 양상인 공습으로 인한 민간인들의 죽음이 더 야만적이라고 비판하는 걸 두고 볼 수 없었다.

그는 「모두에게 평등한 죽음을」(1944)란 칼럼에서 "당연한 얘기지만 제정신인 사람이라면 누구나 폭격을 포함한 전쟁 행위 일체를 혐오할 것"이라고 전제하면서도 "목적을 위한 수단으로 전쟁을 인정하면서 동시에 전쟁에 필수적으로 수반되는 잔혹성에 대해 책임지지 않으려고 하는 것, 이 이중적 태도에는 굉장히 역겨운 면이 있다"고 말한다. 그는 그 이중적 태도가 전쟁을 야기하는 원인이라고 지적한다.

"나는 1937년에 다음과 같이 쓴 적이 있다. '폭격기가 등장해서 전쟁의 양상이 바뀌었다는 사실에 나는 종종 위안을 받는다. 다음 세계대전이 벌어질 때쯤 우리는 지금까지 본 적 없던 광경을 목격할지도 모른다. 전쟁을 선동하던 강경론자들도 폭격기가 떨어뜨린 폭탄에 처참하게 죽음을 당하는 그런 모습 말이다.' 아직 그 광경을 목격하지는 못했다. 하지만 이번 전쟁의 고통이 이전보다 더 균등하게 나눠진 건 사실이다. 이제껏 전쟁이 가능했던 이유 중 하나는 민간인이 소위 면제 특권을 누려도 되기 때문이다. 하지만 이제 그 특권은 산산조각 났다."

제1차 세계대전이 끝난 뒤 오웰은 참전 군인들이 무시당하는 걸 지켜보았다. 전쟁에 참가해 죽고 다친 군인들이 다시 영국으로 돌아왔을 때 그들이 어떤 고통을 당했는지를 살피기보다 잘못된 전쟁에 참가한 어리석은 자들이라는 시각이 온 사회에 만연해 있는 것을 보았다. 그 역시 당시에는 그런 분위기에 휩쓸려 있었다. 그 와중에 전쟁을 획책했던, 권력자들은 아무런 책임을 지지 않았다. 전선에 나가 싸운 이들만 비난의 대상이 되었던 것이다.

오웰은 그런 사회구조, 즉 전쟁에 참여하는 군인들만이 전쟁의 야만성을 목격하고 후방에 있는 권력자들은 안전한 구조가 또 다른 전쟁을 불러일으킨다고 보았다. 그래서 제2차 세계대전에서 후방 지역에 공습이 이루어지면서 전쟁의 참혹함을 균등하게 나눠 가지는 것이 그리 나쁘지 않다고 판단했으며, 민간인들의 죽음이 왜 더 나쁘냐고 물었던 것이다. 요컨대 그는 "무력은 수단일 뿐이라고 정당화하면서 특정 무력수단에만 반대하고 불평하는 위선, 전쟁을 비난하면서 실제로는 전쟁을 유도하는 사회구조를 유지하려고 애쓰는 그런 위선"에 반대했을 뿐이었다.

한편으로 그는 증오와 거짓을 확산시키며 문명을 파괴하는 전쟁에 대한 반대 입장을 분명히 했다. 오웰은 제2차 세계대전이 발발하고 난 뒤에 파시즘과의 전쟁을 지지했다. 그러나 전쟁 자체에는 반대였다. 전쟁이 문명을 파괴하기에 인류에게 더 큰 해악을 끼칠 것이라고 판단했다.

"누군가를 '독일놈Huns'이라고 부르는 것보다 그들에게 폭탄을 떨어뜨리는 게 덜 해로운 행위다. 그 누구도 일부러 사람을 죽이거나 상처 입히고 싶지 않을 것이다. 사람의 죽음 그 자체가 마치 이 세상에서 가장 심각한 일인 것처럼 받아들이는 데 나는 공감하지 않는다. 우리 모두 100년도 채 안 되어 자연사로 죽지 않나. 진정한 악은 상대가 평화로운 삶을 유지하지 못하도록 만드는 행위다. 전쟁이 문명의 본질을 파괴한다고 할 때 단순히 물리적 파괴를 말하는 게 아니다(따지고 보면 전쟁은 전 세계적으로 생산능력을 끌어올리는 순이익을 낳기도 한다). 사람의 목숨을 앗아가기 때문도 아니다. 전쟁은 증오와 거짓을 확산시킴으로써 문명의 본질을 파괴한다."

증오와 거짓을 확신시킴으로써 문명의 본질을 파괴하는 전쟁, 그리고 그 전쟁으로 권력을 유지하는 전체주의의 모습은 나중에 『1984』에 투영될 터였다.

전체주의에
저항하다

───────────

독립노동당원이던 1938년 7월, 오웰은 폐결핵 증세
가 심해져 요양원에서 생활하게 된다. 그러다 프랑
스령 모로코에 머물며 몸을 돌보는 한편 소설『숨 쉬
러 나가다Coming Up for Air』(1939)를 집필한다. 1939년
3월 영국으로 돌아온 그는 제2차 세계대전이 발발하
자 1939년 9월 9일 전투병으로 지원하겠다는 내용이
담긴 편지를 영국 노동병역청에 보냈지만 건강상의
이유로 받아들여지지 않았다.

대신 1940년 5월 월링턴 시골집을 떠나 런던에 정착해 민방위대인 '홈 가드Home Guard'에서 하사관으로 활동했고, 1941년부터 1943년까지 BBC 동양총국Eastern Service의 인도 전담 프로듀서로 일하며 교양라디오 프로그램을 제작한다. 그리고 건강상의 이유로 프로듀서와 민방위대를 그만둔 뒤인 1943년 11월부터 영국의 일간지 『트리뷴』의 문예편집장으로 일하게 된다. 그리고 이때부터 『동물농장』 집필을 시작해 1944년 2월 탈고한다.

3개월 만에 완성한 『동물농장』은 오웰의 원고가 늘 그랬듯 여러 출판사에서 거절당했고, 탈고한 지 1년이 지나서야 빛을 보게 된다. 출판사들이 출간을 꺼렸던 이유는 '피버 앤드 파버'의 편집인으로 있던 T. S. 엘리엇T. S. Eliot의 말에서 확인할 수 있다. 엘리엇은 『동물농장』이 "『걸리버 여행기』 이래 어떤 작가도 성취해내지 못한 탁월한 작품"이지만 "현재의 정치 상황을 비판하는 것이 올바른 관점인지는 확신이 안 간다"는 이유로 출판을 거절했다. 당시 오웰이 책을 출간할 수 있었던 영어를 쓰는 두 나라인 영국과 미국은 소련과 동맹국이었다. 그런데 『동물농장』은 스탈린의 전체주의를 비꼬고, 비판하고 있었다. 전쟁 시기에 동맹국을 비판하는 책을 출간하는 데 부담을 느낀 것이었다. 그래서 이 책은 제2차 세계대전이 끝난 1945년 8월 17일에야, 『카탈로니아 찬가』를 출간했던 '세커 앤드 와버그'에서 출간될 수 있었다.

앞서 여러 차례 말했듯, 오웰은 스탈린의 전체주의를 지속적으로 비판해왔다. 스페인 내전에서의 경험이 큰 영향을 끼쳤지만 단지 그 이유만은 아니었다. 그는 진작부터 소련에 대해 어떤 희망도 품지 않고 있었다.

"나는 스탈린 체제에 대해 절망한 적이 없다. 그것으로부터 어떤 선한 것이 나오리라는 기대를 해본 적이 없기 때문이다.……지난 15년의 내 저작들 어디에서도 메시아적 희망과 뒤이은 낙망을 암시하는 단 하나의 단어도 찾을 수 없을 것이다. 나는 자비로운 독재의 가능성, 요컨대 독재를 옹호하는 사람들의 정직성을 믿지 않는다. 물론 우리는 자신의 견해를 발전시키고 수정하기도 하지만, 나는 1920년대 어느 즈음에 소련에 관심을 갖기 시작한 이래, 소련 체제에 대한 내 입장을 근본적으로 바꿔본 적이 결코 없다.……나는 열렬한 국제주의자였던 적도 없으며, 내게 그럴 힘이 있다 하더라도, 소련의 국내 문제에 개입할 의사가 없다. 나는 그저 러시아가 이곳에 개입하는 것을 반대할 뿐이다."

이런 이유 때문에 오웰은 전쟁이 한창인 와중에도 스탈린 체제를 비판한 우화를 썼던 것이다. 오웰에게는 파시즘과 스탈린 체제는 모두 전체주의와 독재라는 점에서 비판할 대상이었다. 오웰은 『동물농장』의 우크라이나어판 서문에서 "지난 10년 동안(스페인 전쟁에서 소련의 대숙청 시기까지) 나는 사회주의 운동의 재건을 위해서는 '소비에트 신화'를 파괴하는 일이 근본적으로 필요하다고 확신하게 되었다"고 썼다. 그 말처럼 오웰은 여전히 사회주의자였고, 사회주의를 되살리기 위해서 전체주의와 독재로 돌아선 스탈린의 소련 체제를 비판한 것이다. 그런 이유로 오웰은 『동물농장』을 출간한 지 얼마 안 된 시점에서 영국의 보수 단체에서 강연 요청을 받았을 때 이렇게 단호하게 거절한다.

"유럽의 민주주의를 옹호한다고 주장하면서 정작 영국 제국주의에 대해서는 한마디 말도 하지 않는 단체의 초청에 저로서는 응할 수가 없습니다.……저는 러시아 전체주의를 증오하고 그것이 영국에 끼치는 악영향을 증오하지만, 저는 좌파 소속이며 따라서 좌파 안에서 일해야 합니다."

소련의 전체주의는 오웰이 지지하는 민주적 사회주의와는 거리가 멀었다. 그 체제에서는 권력을 잡고, 그것을 유지하기 위한 온갖 협잡과 음모가 난무하며 끊임없는 숙청과 역사 왜곡이 일어나고 있었다. 프롤레타리아는 여전히 억압받고 있었으며 언론의 자유도 보장되지 않았다. 당의 명령은 반드시 지켜야 할 것이었고, 당을 비판하는 이들은 강제수용소로 보내졌다. 소련의 관료 체제는 부패한 권력에 불과했다. 그것을 오웰은 『동물농장』에 담아냈다.

오웰은 『동물농장』을 통해 노동자를 위한 혁명이 소련에서 어떻게 뒷걸음질치는지, 또 독재 권력이 어떤 식으로 시민을 억압하는지를 여실히 보여주었다.

오웰에게 경제적으로도, 또 작가로도 성공을 안겨준 역작『동물농장』은 노동자를 위한 혁명이 소련에서 어떻게 뒷걸음질치는지, 또 독재 권력이 어떤 식으로 시민을 억압하는지를 여실히 보여준다. 특히 이 책은 직접적으로 볼셰비키혁명에 의해 정권을 잡은 소련의 공산당이, 관료주의와 특권 의식에 매몰되어 사실상 혁명을 후퇴시키고 전체주의로 변모한 과정을 보여준다. 또 전체주의가 자유와 평등을 어떻게 압살하는지, 당의 결정에는 오류가 없다며, 일방적인 명령에 복종하는 시민들의 무관심이 어떤 결과를 초래하는지도 잘 보여준다.

혁명으로 인간을 몰아내고 자유와 평등을 쟁취한 '동물농장'의 동물들은 이제 압제는 사라졌으며, 인간에게서 착취당할 일도 없다고 믿었다. 모두가 평등한 세상에서, 모두를 위해 일을 하며 살 줄 알았다. 그들이 처음 혁명에 성공했을 때 써놓았던 7계명은 이랬다.

1. 무엇이건 두 발로 걷는 것은 적이다.

2. 무엇이건 네 발로 걷거나 날개를 가진 것은 친구
   이다.

3. 어떤 동물도 옷을 입어서는 안 된다.

4. 어떤 동물도 침대에서 자서는 안 된다.

5. 어떤 동물도 술을 마시면 안 된다.

6. 어떤 동물도 다른 동물을 죽여선 안 된다.

7. 모든 동물은 평등하다.

이 7계명을 하나로 압축한 말이 "네 발은 좋고 두 발은 나쁘다"였다. 그러나 나폴레옹을 비롯한 돼지들이 지배 엘리트가 되어 특권을 누리고, '충성과 복종'을 동물농장의 동물들에게 강요하면서 서서히 혁명의 분위기는 가라앉는다. 사과와 우유를 돼지들이 독점했던 게 특권의 시작이었다. 모두가 평등하다 했지만, 평등은 어느 순간부터 깨지고 있었다.

『동물농장』의 돼지 중 두각을 보였던 나폴레옹(스탈린)과 스노볼(트로츠키)의 권력투쟁은, 나폴레옹이 개들(비밀경찰)을 동원해 스노볼을 쫓아내면서 나폴레옹의 승리로 끝난다. 그리고 나폴레옹은 이후 스노볼이라는, 실제로는 살아 있는지조차 모를 적을 내세워 동물농장을 지배한다. 그 지배에는 또 다른 돼지 스퀼러가 가세한다. 소련의 공산당 기관지인 『프라우다』를 상징하는 스퀼러는 시종일관 나폴레옹의 입장을 대변한다. 없는 사실도 만들어내고, 있던 사실도 왜곡하면서 말이다.

그렇게 혁명은 뒷걸음질쳤다. 동물들은 인간이 지배하던 때와 비슷한, 어쩌면 더 안 좋은 상황에 빠졌음에도, 동물농장이 자신들 것이라고 여겼다. 하지만 나폴레옹은 인간처럼 개들을 부리며 동물들을 위협했고, '지도자'라 불리며 인간과 같은 특권을 누리기 시작했다. 나폴레옹이 침대에서 잠을 자기 시작한 순간부터 벽에 써놓았던 4번째 계명은 이렇게 바뀐다. "어떤 동물도 '시트를 깔고' 침대에서 자면 안 된다"라고.

나폴레옹이 개들을 풀어 자기 명령에 반대하는 돼지들을 숙청한 후에 6번째 계명은 "어떤 동물도 '이유 없이' 다른 동물을 죽여선 안 된다"로 바뀌어 있었다.

나폴레옹이 술을 마신 뒤부터 5번째 계명은 "어떤 동물도 '너무 지나치게' 술을 마시면 안 된다"로 바뀌어 있었다. 돼지들이 두 발로 걷기 시작하자 "네 발은 좋고 두 발은 나쁘다"가 "네 발은 좋고 두 발은 더 좋다"로 바뀌었고, 7계명은 다음과 같은 하나의 계명으로 바뀌어 있었다.

"모든 동물은 평등하다. 그러나 어떤 동물은 다른 동물들보다 평등하다."

기억의 조작, 지배 엘리트의 특권 의식, 폭력에 의한 지배, 잃어버린 표현의 자유, 이에 반발조차 하지 못한 동물들의 태도가 빚은 결과였다. 이는 소련을 비롯한 독재국가와 전체주의 국가의 오랜 작동 방식이었다. 『동물농장』은 직접적으로 혁명의 변질로 전체주의 국가로 탈바꿈한 소비에트 체제를 비판하고 있었지만, 방심하면 언제든 어느 국가에서든 발현할 우려가 있는 독재 권력 일반에 대한 비판이기도 했다.

『동물농장』은 소련 체제에 대한 끔찍한 우화였다. 또 타락한 독재 권력, 자유와 평등을 압살하는 전체주의 일반에 대한 풍자로 가득한 비판서였다. 이는 다분히 의도한 결과였다.

"『동물농장』은 (내가 무얼 하고 있는지 십분 자각하면서) 정치적 목적과 예술적 목적을 하나로 융합해보려고 한 최초의 책이었다. 나는 7년 동안 소설을 쓰지 않았는데, 이제는 조만간 또 하나의 소설을 쓰고 싶다. 그것은 실패작이 될 게 뻔하고, 사실 모든 책은 실패작이다. 단, 나는 내가 어떤 종류의 책을 쓰고 싶어 하는지 꽤 분명히 알고 있다."

정치적 목적과 예술적 목적을 하나로 융합해보려는 최초의 시도(『동물농장』) 이후 오웰은, 스스로 실패작이 될 게 뻔하다고 했던 소설을 써나간다. 그 소설은 나중에 『1984』란 이름으로 출간될 터였다.

기억하라,
이 끔찍한
디스토피아를

———

『동물농장』이 아직 책으로 출간되기 전인 1944년 6월 아이가 없던 오웰 부부는 태어난 지 한 달 된 리처드를 입양했다. 오웰은 1945년 2월부터 『옵서버』와 『맨체스터이브닝뉴스』의 전쟁 특파원으로 프랑스와 독일에 체류했다. 그해 3월 오웰은 큰 아픔을 겪는다. 아내 아일린이 심장 수술 도중 사망한 것이다. 스페인 내전에 함께 참여했고, 가난하고 어려운 시기를 함께 보냈던 아내를 잃은 심정은 말도 못할 정도로 슬픈 것이었다. 더구나 오웰은 아내의 임종도 지키지 못했다.

영국으로 돌아온 오웰은 이때부터 건강에 심각한 이상을 느끼기 시작했다. 오웰은 평생 자신을 따라다녔던 폐질환이 계속되던 1946년 스코틀랜드의 주라 Jura 섬에 머물며 『1984』 집필에 들어갔다. 타자기를 치지 못할 정도로 악화된 몸 상태에도 그는 1948년 12월 『1984』를 탈고했다.

1949년 6월 출간된 『1984』에서 그린 디스토피아는 끔찍한 것이었다. 어느 정도였는지는 이 책의 출판사 '세커 앤드 와버그'의 소유주인 와버그의 말을 통해서 알 수 있다.

"이 책은 내가 일찍이 읽은 책들 가운데 가장 끔찍한 것에 속한다. 스위프트의 흉포함이, 인생을 바라보며 그것이 점점 더 참을 수 없이 되어가는 것을 알게 된 후임자에게 마침내 계승됐다.……이것은 위대한 책이다. 그러나 나는 수년 동안 이와 같은 책을 다시는 읽게 되지 않기를 바란다."

『1984』에서 그려낸 디스토피아는 오랜 사유의 결

과였다. 스페인 내전과 파시즘의 발흥, 전체주의 국가가 된 최초의 공산주의 국가 소련의 모습을 오웰은 『1984』의 '오세아니아'에 풀어놓았다. 이 책을 쓰기 전부터 오웰은 이미 여러 에세이에서 『1984』의 모티브를 풀어놓는다. 1942년 가을에 집필한 「스페인 내전을 돌이켜 본다」란 에세이에서 그는 "기록된 역사 대부분은 어떤 식이든 거짓이라는 말이 유행인 건 나도 안다. 나는 역사가 대체로 부정확하고 편향된 것이라는 말을 기꺼이 믿는 쪽이다"라며 이렇게 말한다.

"한데 우리 시대에 와서 특이한 점은, 역사가 진실하게 기록될 '수도' 있다는 개념 자체를 포기한다는 것이다. 과거에는 사람들이 의도적으로 거짓말을 하거나, 자기 글을 무의식적으로 윤색하거나, 실수가 많을 수밖에 없다는 걸 알면서도 진실을 애써 추구했다. 단, 어느 쪽이든 '사실'은 존재하며 어느 정도 밝혀낼 수 있다는 믿음을 갖고 있었다.……그런데 모든 인류가 하나의 종種임을 암시하고 있는 이 합의된 공통의 기반, 바로 이것을 전체주의가 없애려고 하는 것이

133

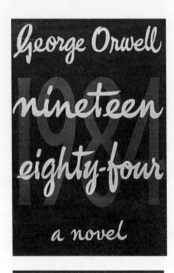

역사와 기억의 조작을 전체주의의 가장 큰 위험으로 간주한 오웰은 『1984』에서 끔찍한 디스토피아를 그려냈다.

다. 나치의 이론은 '진실'이란 게 존재한다는 걸 명시적으로 부인하고 있다. 이를테면 '과학'이라는 것도 없다. '독일 과학', '유대인 과학' 같은 것들이 있을 뿐이다. 이런 사고방식에는 '지도자'가, 또는 어떤 집권 세력이 미래뿐만 아니라 '과거'도 통제하는 악몽 같은 세계를 만들고자 하는 목적이 함축되어 있다. '지도자'가 이러이러한 사건에 대해 '일어난 적 없다'고 말하면 그 사건은 일어난 적이 없는 게 되고, 그가 2 더하기 2는 5라고 말하면 2 더하기 2는 5가 되는 것이다. 이런 전망이 내게는 폭탄보다 훨씬 두렵다."

또 1944년 2월 4일 『트리뷴』에 발표한 「진실한 역사는 존재하지 않는다」라는 에세이에서 오웰은 "역사는 승자에 의해 쓰여진다"면서 "나는 우리가 전쟁에서 승리해야 하는 단 하나의 이유가, 적어도 우리가 전쟁에서 이기면 적보다 거짓말을 적게 할 것이기 때문이라고 분석한 바 있다. 전체주의가 정말로 무서운 이유는 그들이 잔혹 행위를 저지르기 때문이 아니다. 전체주의는 객관적 사실의 존재 자체를 부정한다. 과거만 통제하는 게 아니라 미래도 통제하려 든다"라고 썼다.

1946년 1월 『폴레믹』에 게재한 「문학 예방The Prevention of Literature」이란 에세이에서도 전체주의의 위험을 다음과 같이 강조한다.

"전체주의의 관점에서 볼 때, 역사는 배우기보다는 창조해야 하는 무엇이다. 전체주의 국가는 사실상 신정神政국가이며, 그 지배계급은 자기 지위를 유지하기 위해 결코 실수가 없는 존재로 인식되어야 한다. 하지만 현실에서 실수 없는 존재란 있을 수 없으므로, 이런저런 실수가 저질러진 바 없다거나 이런저런 성상의 승리가 실제로 있었다는 점을 보여주기 위해서는 지난 일들을 다시 짜맞출 필요가 자주 생긴다.……전체주의는 과거를 계속해서 개조할 것을, 그리고 장기적으로는 객관적인 진실의 존재 자체를 믿지 말 것을 요구한다."

오웰이 전체주의에서 주목한 것은 역사와 기억의 조작이었다. 객관적인 사실조차 왜곡하고, 현재의 권력 유지를 위해 과거를 조작하고, 과거를 조작함으로

써 미래까지 지배하는 전체주의의 속성을 오웰은 진작부터 꿰뚫어보고 있었던 것이다. 오웰이 보기에 이 것이 전체주의의 가장 큰 위험이었다.

"4월, 맑고 쌀쌀한 날이었다. 괘종시계가 13시를 알렸다."

『1984』는 이 한 문장으로 시작된다. 영국의 일간지 『텔레그래프』가 세계 문학 사상 가장 빛나는 첫 문장으로 꼽은 이 문장에는 다소 괴이쩍은 단어가 하나 있다. 13시. 군대에서나 쓰일 법한 13시란 용어로 오웰은 '빅 브라더'가 지배하는 전체주의 사회를 적확하게 표현해낸다.

『1984』에서는 '오세아니아'와 '유라시아', '동아시아'라는 3개의 전체주의 국가가 세계를 분할하고 있다. 소설의 배경이 되는 '오세아니아'의 지배자는 '빅 브라더'다. '빅 브라더' 아래에는 4개의 정부기관이 있다. 보도·연예·교육·예술을 관장하는 진리부眞理部, 전쟁을 관장하는 평화부平和部, 법과 질서를 유지하는 애정부愛情部, 경제 문제를 책임지는 풍요부風謠部 등이다. 모두 반어적이고 또 기만적이다. 오세아니아는 공용어인 신어新語를 사용하며, "전쟁은 평화. 자유는 예속. 무지는 힘"이란 슬로건을 갖고 있다. 이 또한 앞뒤가 안 맞는 말들의 조합 같으나『1984』속 세계를 들여다보면 이만큼 잘 들어맞는 슬로건은 없는 듯 느껴진다. 일례로 '전쟁은 평화'란 슬로건에 대한 윈스턴 스미스의 해석을 살펴보자.

"우리 시대의 지배자들은 서로 간의 전쟁은 하지 않는다. 전쟁은 이제 지배 집단이 국민을 상대로 벌이는 싸움이며, 전쟁의 목적도 영토의 정복이나 방어가 아니라 사회 체제를 그대로 유지하는 데 있다. 결국 '전쟁'이란 낱말은 잘못 해석되고 있는 것이다. 늘 전쟁이 계속되고 있기 때문에 사실은 전쟁이 없다는 말이 정확한 표현일지도 모른다.……삼대 열강이 전쟁을 하거나 서로 간섭하는 대신에 저마다의 영토 안에서 영원히 평화롭게 살기로 약속했다고 해도 결과는 마찬가지일 것이다. 왜냐하면 그런 경우 외적인 위험으로부터는 자유로울 수 있겠지만, 각 나라마다 안고 있는 내부 문제는 여전히 미해결 상태로 남아 있기 때문이다. 따라서 진실로 영원한 평화는 영원한 전쟁과 똑같다. 대부분의 당원들은 그저 희미하게 이해할 뿐이지만, 이것이 바로 당이 내건 슬로건인 '전쟁은 평화'란 말의 참뜻이다."

오세아니아의 감시 체계는 탁월하다. 모든 사람의 집에 '텔레스크린'이란, 집 안에 있는 이들의 모습을 보고, 소리를 들을 수 있으며, 송·수신까지 가능한 장치가 마련되어 있다. 조금이라도 이상한 기색이 보이면 사상경찰이 집 안에 들이닥친다. 텔레스크린 앞에서, 아니 그 어디에서든 사람들은 자유롭지 못하다.

『1984』의 주인공 윈스턴 스미스는 진리부에서 일을 한다. 그가 하는 일은 기억의 조작이다. 그런 그가, 어느 날 텔레스크린의 감시망을 피해 구석진 곳에서 '일기'를 쓴다. 사적인 기록을 남기는 것이다.

"윈스턴이 시작하려는 일은 일기를 쓰는 것이었다. 일기 쓰기는 불법이 아니었다(법이란 게 없으니 불법이란 것도 있을 리 없다). 하지만 발각될 경우 사형 아니면 적어도 강제 노동 이십오 년 형의 선고를 받을 것이 틀림없었다.……종이에 글을 쓴다는 것은 결단력이 필요한 중대 행위였다. 그는 작고 서툰 글씨로 다음과 같이 썼다. 1984년 4월 4일.……누구를 위해 이 일기를 쓰는가? 그는 별안간 의아스러운 생각이 들었다. 미래를 위해서? 아직 태어나지 않은 후세를 위해?……그는 자신이 엄청난 일을 하고 있다는 사실을 처음으로 절실히 깨달았다. 어떻게 미래와 소통할 수 있단 말인가? 그런 일은 본질적으로 불가능하다. 미래가 현재와 비슷하다면 그의 말에 귀를 기울이지 않을 것이고, 다르다면 이 수난의 기록은 무의미한 것이 되리라."

현재의 권력 유지를 위해 과거의 역사를 조작하는, '빅 브라더'가 지배하는 사회에서 자기 생각을 표출하는 행위는 반역이다. 아니 상상할 수도 없는 일이다. 일기 쓰기마저 죽음을 각오해야 하는 일이다. 당의 공식적인 기록 이외에는 어떤 기록도 용납되지 않는 사회이기 때문이다.

그런데 윈스턴은 왜 글쓰기를 하게 된 걸까? 그는 기본적으로 빅 브라더가 지배하는 사회, "과거를 지배하는 자는 미래를 지배한다. 현재를 지배하는 자는 과거를 지배한다"는 당의 강령에 따라 과거를 조작하는 사회에 염증을 느끼고 있었다. 그는 '기억할 수 있는 능력', 아니 기억하고자 하는 의지를 갖고 있었고, 당이 강요하는 기록에 의문을 갖고 있었다. 당에 의해 기억이 조작되고 있다는 사실을 알고 있었다. 조작의 흔적조차 없애는 사회에서 자신의 기억이 옳은 것인지를 끊임없이 의심해야 하는 처지였지만 그는 자신의 기억을 붙들고 있었다.

생각을 허용하지 않는 사회에서 윈스턴의 기억은 사고의 첫 출발점이었고, 그곳에서부터 그는 빅 브라더가 지배하는 사회에 저항을 꿈꾼다. 그 저항의 행위가 글쓰기로 나타난 것은 어찌 보면 당연한 일이다. 기억이 조작되는 사회에서 하루를 기록하는 행위는 분명 저항의 시작이 될 만한 것이다. 하루의 일과를 써나가다 그가 자기도 모르는 새 일기장에 "빅 브라더를

타도하라"란 말을 끊임없이 쓰게 된 것은 윈스턴의 일기 쓰기가 어떻게 시작된 것인지, 또 목적이 무엇인지를 극명하게 보여준다.

윈스턴은 저항을 꾀한다. 죽음을 각오하고 일기를 써나간다. 어느 날, 그는 "둘 더하기 둘은 넷이라고 말할 수 있는 자유, 이것이 자유이다"라고 기록한다. 진실을 말할 수 있는 자유, 그게 윈스턴이 원하는 것이었다. 사상범이 되면 뒤에서 총을 맞는 걸 알고 있었지만 그는 자유롭기 위해 저항한다. 그러나 저항은 실패로 돌아간다. 오세아니아의 감시 체계는 일탈을 허락지 않았다. 그뿐만 아니라 저항하는 마음을 품고, 체제에 불만을 품은 상태에서 죽는 것조차 허용되지 않는다. 체제의 수호자인 오브라이언은 윈스턴에게 말한다.

"죽는 순간까지 우리는 그 어떤 탈선도 용납하지 않네. 옛날에는 이단자들이 여전히 이단자인 채 스스로 이단자임을 자처하며 화형장으로 끌려감으로써 모종의 희열을 느끼기도 했지. 소련에서 숙청당한 희생자들도 사형장으로 끌려가면서도 머릿속에 반항 의식을 갖고 있었네. 그런데 우리는 처치하기 전에 두뇌를 완전히 개조시키지. 옛날 전제군주의 명령은 '너희들은 이렇게 해서는 안 된다'는 식이었고, 전체주의자의 명령은 '너희들은 이렇게 해야 한다'는 식이었지만, 우리의 명령은 '너희들은 이렇게 되어 있다'는 식이네."

이를 위해 과거는 너무나 쉽게 조작된다. 사람들은 그게 조작이라는 걸 알면서도 믿는다. 고개를 갸우뚱거리지도 않는다. 사는 데 지장이 없기 때문이다. 복종하면 되기 때문이다. 그러나 윈스턴은 그리 하지 않았다. "그는 생각을 글로 옮겼지만, 이제는 글을 행동으로 옮겨야 할 때다"라며 행동에 나서려 한다. 둘 더하기 둘은 넷이라는, 아주 상식적인 진실을 얘기하기 위해서 말이다.

윈스턴의 행동은, 실패로 끝나고 만다. 그는 더는 존재하지 않는 존재가 되어버린다. '잊힌 존재'가 아니라 애초에 없었던 존재가 되어버린 것이다. '빅 브라더'로 통칭되는 지배 세력은, 더 나아가 물리적인 행동뿐만 아니라 인간의 생각까지 지배한다. 둘 더하기 둘은 다섯이라고, 과거는 변할 수 있는 것이라고, 인간의 기억과 기록 또한 지배할 수 있다고, 실질적으로 믿게 만드는 것이다. '너희는 이렇게 해서는 안 된다'에서 '너희는 이렇게 해야 한다'를 넘어 '너희는 이렇게 되어 있다'는 그 지배 방식의 진화가 『1984』의 끔찍한 디스토피아의 본 모습이었다. 오웰은 이 책을 통해 언제고 인간의 얼굴을 짓밟을 가능성이 농후한 미래 사회에 경고의 메시지를 던졌다.

오웰은 아내가 죽은 지 1년 정도밖에 지나지 않았고, 폐질환으로 건강이 극도로 악화되어 요양원을 드나들던 시기에 『1984』를 썼다. 타자를 치기조차 힘든 상태에서 쓴 글이었다. 그래서 오웰은 "만약 병이 그렇게 심하지만 않았다면 이 소설도 그다지 어둡지는 않았을 것"이라고 말한다. 하지만 그 이유 때문만은 아닐 것이다. 『1984』 속 디스토피아는 오웰이 겪었던 시대적 상황에 이미 내재되어 있었던 건 아닐까.

"지금은 정치적인 시대다. 전쟁, 파시즘, 집단수용소, 경찰봉, 원자탄 등등은 우리가 매일같이 생각하는 주제이며, 그래서 대놓고 거론하지는 않더라도 상당 부분 우리가 쓰는 글의 주제가 되었다."

그 정치적인 시대에 오웰은 『1984』를 세상에 내 놓았다. 『1984』 속 윈스턴처럼 그는 기억하는 인간이 었다. 그 기억을 기록하는 작가였다. 그는 생각을 글로 쓰고, 글을 행동으로 옮겼다. 행동에서 나온 그 기억 과 기록 덕분에 우리는 스페인 내전의 실상을 알게 되 었고, 스탈린 체제의 소비에트 연방에서 공산주의 혁 명이 어떻게 변질되고 전체주의 사회가 되었는지 어 림할 수 있게 되었다. 또 언제든 우리의 일상을 침범할 우려가 있는 전체주의 체제의 위험성과 그 작동 방식 을 짐작할 수 있게 되었다. 『1984』에서 오브라이언은 "너희는 이렇게 되어 있다"며 인간의 자유를 억압하 고 사상을 통제했지만, 오웰은 그 말에 반박이라도 하 듯 기억하고 기록했다. 또 글로 쓰고 행동했다. 그러나 『1984』는 그의 마지막 작품이 되고 만다.

1949년 9월 건강이 몹시 악화된 오웰은 런던의 대학병원에 입원하게 되고, 이곳에서 『호라이즌』의 편

집자 소니아 브라우넬Sonia Brownell과 10월 결혼한다. 그리고 1950년 1월 21일, 오웰은 48세의 나이로 생을 마감한다. 비록 그는 죽었고, 싸움은 끝났지만, 그가 내놓은 저작들의 싸움은 여전히 진행 중이다. 아직 우리는 전체주의와 독재의 위험 속에서 완전히 자유롭지 못하기 때문이다. 오웰의 책이 아직까지도 우리 사회에서 질긴 생명력을 유지하고 회자되고 있는 건 바로 이 때문일 것이다.

쓰는
인간,
오웰

오웰은 평생에 걸쳐 전체주의를 혐오했고, 전체주의가 주는 해악을 경고했다. 또 세상을 낙관적으로 바라보지 않았다. 정치도 '최악과 차악' 사이의 선택으로 보았고, "대중은 노예와 경제적 불안정 사이의 선택에 직면하면, 도처에서, 이름이야 어떻게 불리든 즉각적으로 예종隸從의 길을 택할 것"이라고 말했다. 그는 디스토피아를 얘기했을지언정 유토피아를 말하지 않았다. 민주적 사회주의란 이상이 있었지만 그것을 실현시킬

오웰은 평생에 걸쳐 전
체주의를 혐오했고, 전
체주의가 주는 해악을
경고했다. 영국의 공영
방송 BBC 본부 앞에 세
워져 있는 오웰의 동상.

방법은 현실적이었다. 그래서 그는 비현실적인, 실현 가능성 없는 어떤 '주의'와 '낙관적인 시선'에도 비판의 날을 벼렸다.

그러나 한편으로 그는 정치적인 투쟁을 계속해야 한다고 믿었다. 1946년 11월 『트리뷴』에 실은 「인류는 비이성적이고, 평화를 얻지 못할 것이다」란 에세이에서 오웰은 이렇게 말했다.

"1930년 즈음부터 지금까지의 세상 돌아가고 있는 모습을 보고 있노라면 인류 문명이 존속할 거라는 사실을 믿기가 좀처럼 쉽지 않다. 그렇다고 현실 정치를 포기한 채 산 속으로 들어가 구원받는 삶을 기원하거나 자급자족 커뮤니티를 만들어 원자폭탄이 세상을 휩쓸어버릴 날에 대비하라는 게 아니다. 나는 사람들이 정치적 투쟁을 계속해야 한다고 믿는다. 죽을 게 뻔한 환자라 하더라도 살리기 위해 노력하는 의사처럼 말이다. 우리는 정치적 행위가 대체로 비이성적이라는 사실을 깨달아야 한다. 세상은 일종의 정신병에 시달리고 있으며 이를 치료하려면 진단부터 내려야 한다는 걸 이해해야 한다. 이런 깨달음이 선행하기 전에는 아무 진전도 기대할 수 없다."

그 말에 따라 오웰은 행동했고, 세태를 진단했고, 비판했고, 대안을 제시했다. 때로는 자기 자신을 비판하기도 했고, 대세에 따르는 걸 거부했다. 오웰은 "솔직하고 힘 있는 글을 쓰려면 두려움 없이 생각해야 하며, 두려움 없이 생각하게 되면 정치적인 통념을 따를 수가 없다"고 말했다. 그 말처럼 오웰은 정치적인 통념을 따르지 않았다. 정치적인 통념을 따르는 순간, 관행이란 이름으로 자행되는 부조리에 편승할 수밖에 없었기 때문이다. 그는 당연한 듯 여겨지는 통념에 저항했다. 그게 오웰의 글이 가진 생명력이었다.

또한 오웰은 글쓰기에서 언어의 정확하고 명료한 사용을 중요시했다. 오웰은 "모든 문제가 정치 문제이며, 정치란 본래 거짓과 얼버무리기, 어리석음, 반목, 정신분열증의 집합체인 것이다. 그러니 전반적인 분위기가 좋지 않을 경우 언어는 수난을 당하게 된다.…… 생각이 언어를 타락시킨다면, 언어 또한 생각을 타락시킬 수 있다"라며, 정치적 목적을 위해 이런 식으로 언어가 타락하는 걸 경계했다.

"무방비한 마을이 폭격을 당하고, 주민들이 시골로 내몰리고, 가축들이 기관총 난사를 당하고, 오두막들이 소이탄에 타버리는 것을 '평정平定'이라 부른다. 수백만의 농민이 농지를 강탈당한 뒤 지고 갈 수 있는 것들만을 가지고 걸어서 길을 떠나도록 내몰리는 것을 '인구 이동'이나 '전선 조정'이라 부른다. 사람들이 재판도 못 받고 몇 년 동안 투옥되거나, 뒷덜미에 총을 맞거나, 북극의 강제수용소로 끌려가 괴혈병으로 죽는 것을 '의심 분자 제거'라 부른다."

오웰은 거짓말을 덮으려 할 때, 변호할 수 없는 것을 변호해야만 할 때 이런 식의 어법이 사용된다며 신랄하게 비판했다. 현실을 직시하기 위해선 사실을 왜곡하지 않는 적확한 단어 선택과 조합이 필요하다는 얘기다.

그렇다면 과연 그가 글을 쓰는 이유는 무엇이었을까? 오웰은 글을 쓰는 동기를 크게 4가지로 보았다.

첫째는, 순전한 이기심으로, 똑똑해 보이고 사람들의 관심을 받기 위한 글쓰기다. 둘째는, 외부 세계의 아름다움과 낱말의 적절한 조합 등을 추구하는 미학적 열정이다. 셋째는, 사물을 있는 그대로 보고 그것을 후세에 남기려는 역사적 충동이다. 넷째는, 정치적 목적으로 세상을 특정한 방향으로 밀고 가고, 사람들의 생각을 바꾸려는 욕구에 따른 글쓰기다.

오웰은 이처럼 4가지 동기를 열거한 뒤에 자신은 앞의 3가지 동기가 4번째보다 훨씬 앞선 사람이었다고, 평화로운 시대였다면 묘사에 치중하거나 화려한 글을 썼을지도 모른다고 말한다. 그러나 오웰이 살아낸 시대는 평화롭지 않았다. 정치적인 시대였고, 세계사에 유래 없는 전쟁과 이데올로기의 대립이 있던 시기였다. 그래서 오웰은 1936년 이후로 정치적 목적이 명확한 글을 썼다.

"지난 10년을 통틀어 내가 가장 하고 싶었던 것은 정치적인 글쓰기를 예술로 만드는 일이었다. 나의 출발점은 언제나 당파성을, 곧 불의를 감지하는 데서부터다. 나는 앉아서 책을 쓸 때 스스로에게 '예술 작품을 만들어내겠다'고 말하지 않는다. 내가 쓰는 건 폭로하고 싶은 어떤 거짓이나 주목을 끌어내고 싶은 어떤 사실이 있기 때문이며, 따라서 나의 우선적인 관심사는 남들이 들어주는 것이다.……나는 내가 글을 쓰는 동기들 중에 어떤 게 가장 강한 것이라고 확실히 말할 수 없다. 하지만 어떤 게 가장 따를 만한 것인지는 안다. 내 작업들을 돌이켜보건대 내가 맥없는 책들을 쓰고, 현란한 구절이나 의미 없는 문장이나 장식적인 형용사나 허튼소리에 현혹되었을 때는 어김없이 '정치적' 목적이 결여되어 있던 때였다."

오웰은 남들이 들어주는 것에 우선적으로 관심이 있었다. "우리 시대의 가장 큰 과제 중 하나는 사람들이 자기가 속한 우물 밖 세상에서 벌어지는 일에도 신경 쓰도록 만드는 일이다"라고 말할 정도로 그는 누군가에게 전해지는 글쓰기를 중요시했다. 폭로해야 할 거짓도 많았고, 전해야 할 말도 많았기 때문이다.

영국을 비롯한 유럽의 좌파들이 스페인 내전과 전

체주의로 변한 소련의 실상을 알면서도 침묵할 때 그는 이를 폭로했다. 실업이 개인의 책임으로 돌려지기만 할 때 구조적인 문제 때문에 노동자가 실업자가 되고 빈민이 된다는 걸, 그는 직접 체험을 통해 설파했다. 자본주의 사회에서 노동자의 힘겨운 삶에 대해 피상적인 관찰에만 머무르지 않고, 그들의 삶 깊숙이 들어가 노동자의 목소리를 대변했다.

아울러 왜 사회주의가 파시즘의 공세에 맥없이 당하고 있는지, 사회주의를 말하는 지식인들의 위선에 대해서도, 정치에 대해 무관심으로 일관하는 사람들의 행태에도, 영국의 제국주의에도 그는 말을 아끼지 않았다. 이 모든 게 누구에게는 외면하고 싶은 현실이었지만, 오웰에게는 반드시 기억하고 기록해야 할 진실이었다. 이것이 그가 '쓰는' 이유였다. 평생에 걸쳐 오웰은 정치적인 투쟁을 계속하며, 기억하고 기록하고 또 행동했다.

아직, 오웰이 던진 화두는 명쾌히 해결되지 않았다. 아마 영원히 해결되지 않을지도 모른다. 역사는 언제든 조작될 위험이 있으며, 역사의 조작으로 이득을 보는 권력 또한 존재한다. 일상에서, 정치의 영역에서, 남을 지배하려는 자는 어디든 존재하며, 그 지배를 위해 인간의 생각까지 점령하는 시도는 계속될 터이다. 그러나 한편으로 기억, 기록, 행동으로 그에 저항하는 이들도 존재한다. 어쩌면 이렇게 기억하고 기록하고 행동하며 저항해온 오웰의 삶 자체가, 그가 남긴 유산이 아닐까?

참고문헌

고세훈, 『조지 오웰: 지식인에 관한 한 보고서』(한길사, 2012).

박홍규, 『수정의 야인 조지 오웰』(푸른들녘, 2017).

스테판 말테르, 용경식 옮김, 『조지 오웰, 시대의 작가로 산다는 것』(제3의
　　공간, 2017).

앤터니 비버, 김원중 옮김, 『스페인 내전』(교양인, 2009).

조지 오웰, 정회성 옮김, 『1984』(민음사, 2009).

_____, 박경서 옮김, 『버마 시절』(열린책들, 2010).

_____, 자운영 옮김, 『파리와 런던 거리의 성자들』(세시, 2012).

_____, 이한중 옮김, 『나는 왜 쓰는가』(한겨레출판, 2012).

_____, 이한중 옮김, 『위건 부두로 가는 길』(한겨레출판, 2013).

_____, 정영목 옮김, 『카탈로니아 찬가』(민음사, 2013).

_____, 도정일 옮김, 『동물농장』(민음사, 2013).

_____, 조지 패커 엮음, 하윤숙 옮김, 『모든 예술은 프로파간다다』(이론
　　과실천, 2013).

_____, 김영진 엮고 옮김, 『더 저널리스트: 조지 오웰』(한빛비즈, 2018).

조지 오웰

ⓒ 아거, 2019

초판 1쇄 2019년 10월 17일 찍음
초판 1쇄 2019년 10월 22일 펴냄

지은이 ｜ 아거
펴낸이 ｜ 강준우
기획·편집 ｜ 박상문, 김소현, 박효주, 김환표
디자인 ｜ 최진영, 홍성권
마케팅 ｜ 이태준
관리 ｜ 최수향
인쇄·제본 ｜ ㈜삼신문화

펴낸곳 ｜ 인물과사상사
출판등록 ｜ 제17-204호 1998년 3월 11일

주소 ｜ 04037 서울시 마포구 양화로7길 4(서교동) 2층
전화 ｜ 02-325-6364
팩스 ｜ 02-474-1413

www.inmul.co.kr ｜ insa@inmul.co.kr

ISBN 978-89-5906-543-1 03300

값 10,000원

이 도서의 국립중앙도서관 출판예정도서목록(CIP)은 서지정보유통지원시스템 홈페이지
(http://seoji.nl.go.kr)와 국가자료공동목록시스템(http://www.nl.go.kr/kolisnet)에서
이용하실 수 있습니다. (CIP제어번호: CIP2019040336)